新时代来华留学生预科汉语教学与测试研究

主 编 王佶旻
　　　　柴省三

北京语言大学出版社
BEIJING LANGUAGE AND CULTURE
UNIVERSITY PRESS

© 2024 北京语言大学出版社，社图号 23243

图书在版编目（CIP）数据

新时代来华留学生预科汉语教学与测试研究 / 王佶
旻，柴省三主编 . -- 北京：北京语言大学出版社，
2024.10

ISBN 978-7-5619-6458-3

Ⅰ . ①新… Ⅱ . ①王… ②柴… Ⅲ . ①汉语－对外汉
语教学－教学研究Ⅳ . ① H195.3

中国国家版本馆 CIP 数据核字（2023）第 224186 号

新时代来华留学生预科汉语教学与测试研究

XINSHIDAI LAIHUA LIUXUESHENG YUKE HANYU JIAOXUE YU CESHI YANJIU

排版制作：北京创艺涵文化发展有限公司
责任印制：周 燚

出版发行：北京语言大学出版社
社　　　址：北京市海淀区学院路 15 号，100083
网　　　址：www.blcup.com
电子信箱：service@blcup.com
电　　话：编 辑 部　8610-82300207
　　　　　国内发行　8610-82303650/3591/3648
　　　　　海外发行　8610-82303365/3080/3668
　　　　　北语书店　8610-82303653
　　　　　网购咨询　8610-82303908
印　　刷：北京富资园科技发展有限公司

版　　次：2024 年 10 月第 1 版　　印　　次：2024 年 10 月第 1 次印刷
开　　本：710 毫米 × 1000 毫米　1/16　印　　张：14.5
字　　数：214 千字
定　　价：78.00 元

目 录

预科教育标准与体系建设研究

预科汉语测试设计与开发

预科汉语教学研究

预科教育标准与体系建设研究

来华留学预科教育的汉语能力标准*

王佶旻

北京语言大学

摘　要　来华留学预科教育的核心是汉语教学，其目标是使学生在预科结业后能够顺利地使用汉语进行本科阶段的学习和生活。随着预科教育的发展，制定有针对性的预科汉语能力标准成为现实需要。本文回顾了国内外预科结业（本科入学）的语言能力标准及测试，在此基础上阐释了来华留学预科教育汉语能力标准的制定原则与方法，并以中国政府奖学金预科教育为例探讨了汉语能力标准的研究内容与过程。预科教育汉语能力标准应当包括语言水平等级描述、水平测验以及词表。语言水平等级描述为标准的主体部分，水平测验为与标准配套的测量工具，词表为标准的量化参考体系。

关键词　来华留学；预科教育；汉语能力标准；量表

一、引言

据教育部统计，2018 年共有来自 196 个国家和地区的 49.22 万名留学生来华留学，其中学历生人数 25.81 万人，占来华留学生总数的 52.44%，同比

---

* 本文曾发表于《语言教学与研究》2021 年第 2 期，本次收录时做了必要的修改和补充。

增长 6.86%。① 学历生人数的逐年增长催生了预科教育的蓬勃发展。预科教育是大学基础预备课程教育，其对象为知识和能力尚不能直接进入大学学习本科课程的国际学生。来华留学预科教育的目的是使学生在汉语言知识和能力、相关专业知识以及跨文化交际能力等方面达到进入高等学校专业阶段学习的基本标准。预科教育的能力标准具有特殊性和复杂性，是语言与专业，知识与能力的统一体。随着预科教育的发展，制定有针对性的预科教育能力标准成为现实需要。

仅有中国政府奖学金预科生和少数地方政府奖学金预科生采取集中教学、统一考核的培养方式，因此我们以中国政府奖学金预科生为例来讨论预科教育中的汉语能力标准。

二、预科结业（本科入学）语言能力标准回顾

我们知道，对语言能力进行定义主要有两种方式：其一是借助特质或成分来定义；其二是借助行为或表现来定义。第一种情况最典型的就是"技能/成分"说，它把语言定义为几种特质的组合。第二种情况常常出现在面试等测验形式中，它根据被试的行为表现来定义其语言水平。在这种框架下，语言能力由一组特定的行为表现来诠释，典型的有美国外语教学委员会（the American Council on the Teaching of Foreign Languages，简称 ACTFL）的量表和欧共体的语言能力共同参考框架（Common European Framework of Reference for Languages，简称 CEFR）。语言能力标准是根据语言使用者的行为表现来定义其语言水平的能力量表，也就是上述第二种方式。该量表能够为语言教学、学习和测验提供统一的标准参照体系。

---

① 参见中华人民共和国中央人民政府官网，《196 个国家和地区的 49.22 万名留学生去年来华留学》，网址为：www.gov.cn/xinwen/2019-06/03/content_5397181.htm。

2.1 国外的本科入学语言水平考试及标准

预科结业意味着达到了本科入学的标准，国际上主要的留学目的地国都有自己的本科入学标准，这些标准可以作为预科教育的参考指标，其中德国和日本的留学考试与标准具有规范的体系和鲜明的特色，值得我们借鉴。

2.1.1 德国的留学考试及标准

根据德国"高校校长联席会议"（HRK）和"各州文教部长联席会议"（KMK）2004 年公布的《关于在德国高校就读所需德语语言考试的框架规定》（以下简称《框架规定》），德国大学入学考试有四种：DSH、TestDaF、FSP、DSDII。按照《框架规定》的说明，这四种考试在符合高校入学要求的可比等级上是等值的。我们以 DSH 为例。DSH 考试的全称是德国高校外国申请者入学德语考试，目的是让测试申请者的德语语言水平是否已经达到了在大学学习、生活及交际的能力。比如，能否与学校管理部门无阻碍地交流（能否正确无误地填写表格、能否听懂管理人员的信息、表达自己的要求等）、能否听懂讲座内容（能否在听的过程中做好笔记、弄清整个讲座的结构等）、能否在大学讨论课以及习题课中听懂教授的授课并主动发言表达自己的观点、能否搜索及阅读专业文献以便为自己的论文打好基础、能否写论文和做报告等等。

DSH 各个单项的设计完全根据大学学习的实际需要，大学里设置的各类课程要求学生必须具备听、说、读、写等各种语言能力。据此，DSH 设置了以下五个单项：听力复述、阅读理解和分析、按要求写作、科普文语句结构理解和改写、口试。DSH 一共有 DSH1、DSH2、DSH3 共三个等级，分别对应于 CEFR 的 B1、B2 和 C1 等级。原则上达到 DSH2 水平的申请者可以直接注册入学，部分专业也可以接收成绩达到 DSH1 的申请者。也就是说，德国大学入学标准的要求大致相当于 CEFR 的 B1 到 B2 水平。

2.1.2 日本的留学考试及标准

日本语能力测试（The Japanese-Language Proficiency Test，简称 JLPT[①] ）是日本大学入学的语言测试之一。根据难度和水平的不同共分为 N5 到 N1 共五个级别，N1 为最高等级，而 N2 是大学入学的门槛。N2 要求学习者能够理解日常使用的日语，并在一定程度上理解范围更广的各类话题。一般需要掌握 4000 ～ 7000 个单词，200 条中级语法规则。

除了 JLPT 以外，日本还有专门的留学考试。日本留学考试（Examination for Japanese University Admission for International Students，简称EJU[②] ）是测试申请进入日本的高等教育机构留学的外国人的日语能力和基础学术能力（理科、综合科目、数学）而实施的考试。该考试自 2002 年起开始举行，由独立行政法人日本学生支援机构（JESSO）负责组织和实施，目前全国 780 余所高校中已有 770 所采用该考试的成绩，成为覆盖全国的标准化统一入学考试。EJU 中的日语考试与日本语能力测试 JLPT 有所不同，EJU 旨在考查学习者对主旨问题的把握、特定信息的抽离、预测与推测能力、课题达成能力等方面，特别关注在大学中学习所需的学术性日语能力。可以看出，日本的大学入学语言考试是普通语言和学术语言的结合。

2.2 国内的汉语能力标准

汉语作为第二语言的能力标准可以追溯到 1988 年出版的《汉语水平等级标准和等级大纲（试行）》（以下简称《等级标准》），这是中国对外汉语教学领域最早的一部能力标准，也是最早提及本科入系的汉语水平要求的纲领性文件。这部《等级标准》明确了留学生四年制对外汉语教学专业的能力水平，能

---

① 参见中国教育考试网，"JLPT 日本语能力测试"板块，网址为：https://jlpt-main.neea.
cn/html1/folder/1507/1496-1.htm。
② 参见中国教育考试网，"EJU 日本留学考试网"板块，网址为：https://www.jasso.go.jp/
ryugaku/study_j/ index.html。

力等级范围为 1 到 5 级，其中 1 级和 2 级对应一年级，3 到 5 级分别对应二年级至四年级。每一等级都有关于词汇、语法以及听、说、读、写方面的量化指标和"能做"描述。后来出版的《汉语水平词汇与汉字等级大纲》（1992）和《汉语水平等级标准与语法等级大纲》（1996）都是在《等级标准》的基础上研制的。《等级标准》也是汉语水平考试（HSK）的等级基础，当时一年级结业的要求大致相当于后来的 HSK（初、中等）3 级，二年级的结业要求大致相当于 HSK（初、中等）6 级。在老版 HSK 的体系中，3 级是理工西医科入系的门槛，而文史中医科的入系标准是 6 级。这两道门槛正是我们要讨论的预科结业（本科入学）的标准。在《等级标准》中，一年级结业要求掌握 3028 个词语和 382 项语法，二年级结业要求掌握 5168 个词语和 589 项语法。这就意味着留学生本科入学需要掌握 3000～5000 个词语和 300～500 项基本语法。这个标准是 20 世纪 80 年代制定的，但至今仍有很好的参考价值。

1996 年出版的《汉语水平等级标准与语法等级大纲》把语言水平分为五级，每一级都包括话题内容、语言范围和言语能力三个维度。其中的第三级在言语能力维度上明确提到了在中国高等院校入系学习的需具备的基本语言能力要求。1996 年的标准是 80 年代推出的《等级标准》的继续与发展，在本科入系的语言要求上基本保持一致。

2007 年发布的《国际汉语能力标准》是国际中文教育界新推出的一部公开出版的标准。它由五个水平等级组成，每个水平等级都有三个层面，第一个层面是汉语能力总体描述，第二个层面是汉语口头和书面交际能力描述，第三个层面是汉语口头和书面理解与表达能力描述，分为"语言能力描述"和"任务举例"两个部分。教育部 2018 年颁布《来华留学生高等教育质量规范（试行）》①，规定来华留学生入学标准中，以中文为专业教学语言的学科、

---

① 参见中华人民共和国教育部官网，《教育部关于印发〈来华留学生高等教育质量规范（试行）〉的通知》，网址为：http://www.moe.gov.cn/srcsite/A20/moe_850/201810/t20181012_351302.html。

专业的中文能力要求应当至少达到《国际汉语能力标准》四级水平。由于预科结业即意味着本科入学，因此这个规定也可以作为预科结业的标准参考。

2009 年教育部发布《关于对中国政府奖学金本科来华留学生开展预科教育的通知》①（以下简称《通知》），中国政府奖学金预科教育作为预科教育的试验田登上了历史舞台。《通知》指出，在完成预科教育之后学生应具备如下知识和能力：（1）具备一定的汉语交际能力和跨文化交际的能力；（2）初步了解中国文化和社会概况，运用学到的汉语言知识和技能解决日常生活中的基本问题的能力；（3）掌握汉语基础词汇和基本语法点，掌握一定量的专业词汇和科技汉语的常用表达句式，在专业课课堂教学中使用汉语进行听、记、问的基本能力；（4）借助工具书阅读中文专业资料的初步能力及进入专业学习时所需的相应的书面表达能力。

从《通知》的要求中可以看到，预科教育的汉语能力标准有三个鲜明的特色：第一是既包括基础汉语，也包括学术汉语；第二是主要面向本科阶段的课堂教学和学习需求；第三是知识与技能并重，听说读写全面发展。

三、预科汉语能力标准制定的原则与方法

预科汉语能力标准是预科汉语教育的参考框架，它的核心是语言能力量表，这个量表在制定过程中应遵循科学、实用、兼容和特色的原则。科学是指标准在制定过程中要本着系统、科学的方法，既要定性也要定量。实用是指量表的制定要切合实际，符合现状，便于使用。兼容是指量表的等级要与国际上通行的语言能力量表以及预科结业（本科入学）的标准有一定的对应关系。特色是指体现预科教育的特色，即面向本科学习的需要，关注学术汉语的能力培养。

---

① 参见中华人民共和国教育部官网，《教育部关于对中国政府奖学金本科来华留学生开展预科教育的通知》，网址为：http://www.moe.gov.cn/srcsite/A20/moe_850/200903/t20090313_89013.html。

3.1 量表的界定

语言能力标准实则是一个语言能力量表。在制定的过程中需要对量表进行定义和规划，明确量表的测度、全距和单位。测度即对所测特征的定义，根据预科教育的培养目标，我们将预科结业时的汉语能力水平界定为：能够基本满足在中国大学本科阶段学习和生活所必备的语言知识、语言应用能力和跨文化交际能力，包括基础汉语和学术汉语两个部分，同时也涉及听、说、读、写等语言技能。这里体现了预科教育的特色，它是普通留学汉语和学术汉语的结合，因此就产生了一个主量表和一个分量表。主量表是基础汉语量表，刻画基础汉语的能力水平，分量表是学术汉语量表，附带上学术汉语的相关要求。

3.2 基础汉语能力量表

关于基础汉语这把量尺的全距，终点是明确的，即达到本科入系学习的基本汉语水平。那么这个终点的能力水平应该在什么位置呢？就基础汉语来说，按 1988 年的《等级标准》所述，这个结业标准理工类应达到老版 HSK3 级，文史类应达到老版 HSK6 级。按教育部 2018 年颁布的《来华留学生高等教育质量规范（试行）》所述，以中文授课的来华留学生本科入学要求应当至少达到《国际汉语能力标准》（2007）四级水平，在测试中对应老版 HSK 的 5 级至 6 级，同时对应 CEFR 的 B1 等级（张晋军等，2009）。由于目前汉语水平考试使用的是新 HSK 体系，新 HSK 难度系数较低，新、老 HSK 的关联度不高（王仁法，2014），我们很难判断这几个标准的相互关系。因此我们使用 CEFR 量表作为参照。根据预科结业和本科入系的基本语言水平要求，结合现实情况，我们认为基础汉语这把量尺的终点应该不低于 CEFR 的 B1 水平。

量尺的起点也值得讨论。依据目前中国政府奖学金预科生的实际状况，不少学生是零起点入预科的，那么尺子的起点是不是应该定为零点呢？这里有两个方面的问题需要考虑,第一是区分基础汉语和学术汉语,第二是区分中国政府奖学金预科生和自费预科生。2020 年 3 月教育部颁布了《中国政府奖学金工作管理办法》[①],规定申请以中文为专业教学语言的学科、专业的,攻读学士学位者及普通进修生(汉语言专业除外)、高级进修生,中文水平原则上至少达到汉语水平考试(HSK)三级。因此今后中国政府奖学金预科生入学时原则上应具备新版 HSK 三级的水平。而自费预科生情况比较复杂,有的可能零起点入学,有的则有一定的语言基础。但是无论是奖学金生还是自费预科生,多数都不具备学术汉语的学习经历。因此我们认为,基础汉语的量尺起点应该大于零点,学术汉语的量尺起点可以定为零点。那么,基础汉语的起点又该定在什么水平上呢?预科的语言教育属于一种强化训练,在一定时间段内(一般为 1 学年)学生的语言水平将有较大幅度的提升。从目前的实际情况看,预科基础汉语的起点不宜定得过高,可以定在满足基本的生活需求的标准上,即不低于 CEFR 的 A1 水平。

量表的单位是指量表中相邻两个刻度之间的距离。单位的大小与测量的精度有关,单位大则量表内的等级数目就比较少,测量的结果就相对粗一些,单位小则测量的精细程度就高,但同时带来的问题是等级划分时决策错误的概率也会增加。确定量表的单位要根据测量的对象、测量误差以及实际需要来综合考虑(王佶旻,2012a)。语言能力量表是以语言表现来定义和描述语言水平的,在能力的区分上宜粗不宜细。我们认为基础汉语能力量表可以划分 3 个等级,即设立一个中间等级,其能力水平大致相当于 CEFR 的 A2 水平。设立这个中间等级的意义在于,预科生需要达到该等级水平才有可能进入学术汉语的学习,否则基础汉语功底不扎实,学术汉语学习也会非常困难。

综上所述,基础汉语量表以 CEFR 为参照,它的起点不低于 A1,终点不

---

① 参见中国高等教育学会外国留学生教育管理分会官网,《教育部国际合作与交流司关于中国政府奖学金的管理规定》,网址为:https://www.cafsa.org.cn/policy/show-250.html。

低于 B1，中间等级为 A2 左右。结合预科汉语教学的特点，我们将基础汉语
能力量表的三个等级命名为入门级、基准级和进阶级。

3.3 学术汉语分量表

学术汉语是预科汉语教学的特色，学术汉语教学的目的是培养学生使
用汉语获取专业知识的能力。学术汉语和基础汉语很难完全区分开。一般
来说，学术汉语是表达规范、结构严谨、专业性比较强的语言形式，很少
使用口语化的词汇和表达方式。因此，学习者在理解和产出的过程中也会
感到比较困难。学术汉语在教学和测试中涉及一定范围的专业领域词汇和
表达方式，这些专业词汇和表达方式构成了学术汉语学习的内容域（content
domain），同时也是学术汉语分量表需要体现的重要内容。

学术汉语分量表是基础汉语能力量表的附加量表。学生需要在具备基准
级汉语能力水平之后才能开展学术汉语学习。因此学术汉语分量表的起点对
接基础汉语量表的基准级水平，终点对接进阶级水平，并且在进阶级水平上
增加一定的专业词汇、特殊表达方式以及相关能力要求。

四、中国政府奖学金预科教育的汉语能力标准

中国政府奖学金预科教育的汉语能力标准应当包括语言水平等级描述、
水平测验以及词表。语言水平等级描述为标准的主体部分，水平测验为与标
准配套的测量工具，词表为标准的量化参考体系。

4.1 关于语言水平等级描述

2012 年至 2015 年期间，我们对汉语作为第二语言的能力标准进行了理
论探讨和实证研究，实证研究的被试包括北京语言大学汉语学院二年级留学
生、进修学院中级班留学生，以及全国 10 所高等院校的中国政府奖学金预科
生（王佶旻，2012a、2012b、2013、2015）。在此基础上，我们对处于预科教

育阶段的学生的汉语能力量表要求作出了定义和描述,描述从听、说、读、写四个方面展开,包括概括性的总体描述和依据实证研究得出的"能做"（can do）描述。

如前所述,基础汉语能力量表是主量表,包括入门级、基准级和进阶级三个等级。学术汉语分量表是附属量表,在进阶级的基础上增加专业词汇、表达方式及相关能力要求。三个等级在听、说、读、写各项语言技能上具备的语言能力描述详见表 1 至表 4。

表 1　听力能力描述

入门级	能满足最基本的日常生活、简单社交和有限的学习需要。在日常交流中,借助说话人的解释、手势等辅助方式,可以听懂大部分的内容。
基准级	在谈论熟悉的话题时,具备了简单的猜词能力。在自己专业领域的正式讨论中,一般能跟上讨论话题的转换,但是需要说话人放慢语速并且发音清晰。可以基本听懂含 1% 非关键性生词、无关键性新语法点、同课文内容接近、篇幅为 300 ～ 400 字、语速 160 字 / 分的材料。
进阶级	可以听懂母语者发音清晰的接近正常语速（180 字 / 分）的对话或独白等。在日常生活、工作和学习中可以比较顺利地实现和母语者的交流,能够比较准确地把握说话人的态度、观点,听懂重要的问题、指示,包括别人对于自己工作的建议和批评等。能听懂母语者发表的相关专业领域的讲座,可以在较短的时间内参与到讨论中,具备一定的跳跃障碍,从而获取需要的关键信息的能力。

表 2　口语能力描述

入门级	能用孤立的词或短语满足日常生活中最常规性的需要,能用最基本的礼貌用语进行最简单的社会交往,能套用现成的基本句型进行有限的信息沟通。能进行简单交流,能用简短的语句和常见的固定套话应付交际。
基准级	能就熟悉的话题发表看法、交流信息,能用一连串的句子描述自己的家庭、住所、学历以及目前的职业等,但讲话时有停顿,并需要借助重复、改述和纠错补救交际中断。

进阶级	语音、语调基本正确，语速基本正常，语句较连贯，用词较恰当，语言表达基本得体。语音、用词、语法和语调等方面有一些错误，但通常不会妨碍听者对话语所传递的信息的理解。能谈论家庭、工作、旅游等常见话题。在自己熟悉的专业领域，能使用成段的连贯话语进行叙述和描述。

表3　阅读能力描述

入门级	能认读和理解最基本的日常生活用语（如衣、食、住、行，介绍个人、家庭情况）、简单的社会交际用语（如问候、感谢）。
基准级	能阅读简单的记叙文（其内容浅易，长度为 50～500 字，无关键性生词和新语法点），阅读速度能稳定达到 100 字 / 分，理解准确率达到 90% 以上（即理解主要内容和细节）；阅读含 1% 生词、无关键性新语法点的同类短文时，速度不低于 80 字 / 分，理解准确率达到 80% 以上。
进阶级	能阅读各种用途的应用性文本，能借助工具书读懂一般场合中以事实性信息为主的语言浅显、话题熟悉而又真实的描述性或叙述性文章，能抓住中心话题、主旨和某些重要细节，领悟作者意图。对于抽象的、概念性的或技术性的材料，能把握事实，掌握要点。在阅读自己熟悉的专业领域文章时，速度不低于 150 字 / 分，理解准确率达到 90% 以上。

表4　写作能力描述

入门级	能书写社交场合中的简单用语，能写出与个人或日常生活密切相关的简短信息类材料。初步掌握了一些句型和简单语法形式并能正确使用。能抄录简单的短语或句子等信息，能用汉语做简单的笔记。
基准级	能描述熟悉的话题，用简单的句子和表达法写记叙文，语句基本通顺，表达基本清楚，且有一定连贯性。掌握所有的笔画和大部分汉字部件，能写出 500～800 常用汉字。书写和标点基本正确。

（续表）

进阶级	能写备忘录、信件、报告等多种类型的文本。能介绍自己熟悉的话题，就日常话题写出自己的想法，意思基本清楚。能在听报告等场合中记下主要内容，但是需要事后整理和修改。能描述故事情节、发表自己的感想。能够掌握标点的基本用法、正确运用常见句型，注意行文的连贯与通顺，表意基本清楚。

4.2 关于水平测验

标准配套的水平测验最重要的是对应进阶级的预科结业考试。中国政府奖学金预科生目前的学制是一年，他们的汉语课程体系包括基础汉语和学术汉语。基础汉语是通用留学语言，面向校园生活。学术汉语是学科领域的专门用途语言，面向专业学习。学术汉语又分为理工、经贸、文科和医学四类。2014 年我们设计了中国政府奖学金本科来华留学生预科教育结业考试，该考试是一个多学科的综合考试，包括汉语综合考试以及数学、物理和化学考试。其中汉语综合统一考试是主干考试，由三大部分构成，分别为听力理解、综合阅读和书面表达。该考试具备以下几个特点：第一，它是基础汉语与学术汉语的统一体，在同一份试卷中全面考查语言的日常交际和专业领域的语言运用能力；第二，着重测查语言交际能力，兼顾考查语言知识；第三，分立式测验与综合式测验相结合；第四，以技能为导向，从听、读、写三个维度综合考查学生的汉语水平；第五，主客观相结合，以客观、半客观题的形式考查听和读的能力，以主观题的形式考查写作能力（王佶旻等，2016）。该考试体系已经成为衡量中国政府奖学金预科生结业的唯一标准，全国 17 所中国政府奖学金预科生在预科教育结束后都将统一参加考试。

4.3 关于词汇表

词汇量是衡量和评估语言学习者能力水平的重要参数，在教学和测试中都起到参考作用。预科教育汉语能力标准中的词汇包括基础汉语词汇和学术汉语词汇两部分，其中基础汉语词汇是主干词汇，学术汉语词汇是辅助词汇。

词汇标准的制定需要明确质与量的问题，质是指收词的内容，量是指收词的数量。那么，基础汉语词汇量门槛应该是多少，哪些词应该进入词表呢？为此我们收集了三类语料：第一类是汉语作为第二语言的教学和考试大纲，包括《汉语水平等级标准与语法等级大纲》《汉语水平词汇与汉字等级大纲》《高等学校外国留学生汉语教学大纲》《高等学校外国留学生汉语言专业教学大纲》以及 HSK 词汇表等。第二类是中学语文课本中的现代文，并形成了《中学语文课文现代文词表》。第三类是大学本科一年级第一学期留学生的必修课（不含汉语类课程）教材。这些教材选自经贸、理工、文科、医学四大专业门类（预科教学的大学科分类）中的 12 个热门专业的通行教材，从而形成《预科四大专业门类教材汇总词表》。在这三类词表的基础上，经过几轮的专家论证和修改，最终形成了《中国政府奖学金预科教育结业考试基础汉语词汇表》（王佶旻等，2020）。这个词汇表包含基准级（要求听说读写四会）词汇 1600 个、扩展级（要求听读两会）1400 个，总计 3000 词。我们认为这 3000 词是预科结业需要掌握的用以适应大学学习和生活的基本词汇。

在 3000 基本词汇之外，预科结业还需要掌握一定的学术汉语词汇，用以更好地适应大学课堂内外的专业学习。这些专业词汇的选取需要分类分级，面向本科课程教学和学习需要。对于中国政府奖学金预科生来说，我们将以研发基础汉语词汇表时制作的《预科四大专业门类教材汇总词表》为基础，结合专业课一线教师访谈与问卷调查，制定学术汉语词汇表的词汇数量和范围，再经专家讨论、修改而定。

五、余论

新时代的来华留学教育呈现的突出特点是学历生人数占比的增长，这种变化也是我国从留学大国走向留学强国的标志之一。在这种形势下，预科教育的重要性会日益凸显出来。中国政府奖学金预科教育是来华留学预科教育的标杆，具有统一和规范的教学与考核体系。我们以这个体系为基石来讨论预科教育的汉语能力标准具有现实性和可行性，将为提升留学生预科教育质量，指引教学方向提供切实、可靠的保障。

参考文献

国家对外汉语教学领导小组办公室汉语水平考试部 1992《汉语水平词汇与汉字等级大纲》，北京语言学院出版社。

国家对外汉语教学领导小组办公室汉语水平考试部 1996《汉语水平等级标准与语法等级大纲》，高等教育出版社。

国家对外汉语教学领导小组办公室 2002《高等学校外国留学生汉语教学大纲（长期进修）》，北京语言大学出版社。

国家对外汉语教学领导小组办公室 2002《高等学校外国留学生汉语言专业教学大纲》，北京语言大学出版社。

国家汉语国际推广领导小组办公室 2007《国际汉语能力标准》，外语教学与研究出版社。

王佶旻 2012a 制定汉语作为第二语言的能力标准的初步构想，《语言文字应用》第 1 期。

王佶旻 2012b 中级汉语学习者语言能力自评量表的编制与检验，《中国考试》第 11 期。

王佶旻 2013 汉语能力标准的描述语任务难度研究——以中级口语能力量表为例，《世界汉语教学》第 3 期。

王佶旻 2015 建立来华留学生预科教育标准体系的构想，《国际汉语教学研究》第 1 期。

王佶旻、黄理兵、郭树军 2016 来华留学预科教育"汉语综合统一考试"的
　　总体设计与质量分析,《语言教学与研究》第 2 期。

王佶旻、黄理兵、郭树军、赵琪凤 2020《中国政府奖学金本科来华留学生预
　　科教育结业考试基础汉语常用词汇表》,北京语言大学出版社。

王仁法 2014 汉语作为第二语言能力评估现状与分析,《语言科学》第 1 期。

张晋军、邱　宁、张　洁 2009 汉语水平考试与《国际汉语能力标准》挂钩
　　研究报告,《中国考试》第 4 期。

中国对外汉语教学学会汉语水平等级标准研究小组 1988《汉语水平等级标准
　　和等级大纲（试行）》,北京语言学院出版社。

基于预科汉语教学与测试的来华本科招生考试体系研究 *

柴省三[1] 刘 涛[2] 万 莹[3] 修美丽[4]

[1]北京语言大学 [2]东北师范大学 [3]华中师范大学 [4]对外经贸大学

摘 要 随着来华本科生规模的不断扩大，我国高校对来华留学本科统一招生考试的需求日益迫切。中国政府奖学金本科来华留学生预科教育结业汉语综合统一考试的实施，为开发统一的来华留学本科招生考试体系提供了理论和实践经验。本文在对招生考试和预科汉语考试基本属性进行多维研究的基础上，从理论和实践角度对两类考试体系进行了对比分析，然后提出了来华留学本科招生考试体系的构建思路。建议来华留学本科招生考试体系以现行的预科考试和本科汉语入学水平测试、专业学能考试为核心框架，以满足高校来华留学本科招生的多元化需求。

关键词 预科汉语教学；专业汉语教学；预科考试；招生考试

一、引言

进入 21 世纪后，随着中国高等教育国际化步伐的不断加快，来华留学生的规模越来越大，来华接受教育的学历层次越来越高。中国已经成为亚洲最大的留学目的国，留学生教育正处在由"规模发展"向"提质增效"内涵式发展的关键阶段。留学生学历教育质量是一个国家高等教育国际化水平的重要标志之一，也是留学生教育可持续性发展的基础与关键（Horie，2002）。

---

* 本文曾发表于《语言文字应用》2018 年第 4 期，本次收录时做了必要的修改和补充。

针对来华本科生的入学门槛、过程监测和毕业标准等各类考试的系统化构建是确保留学生教育质量的重要措施，也是来华留学生实现趋同化教学的必经之路（柴省三，2015）。

在来华留学本科生群体中，有一部分是享受中国政府奖学金、被国内高校本科专业"预录取"的留学生。为了保证这部分来华留学生的本科教育质量，从 2005 年起教育部国际合作与交流司、国家留学基金管理委员会（CSC）在国内若干高校设置了预科教育制度，规定学生首先接受 1 学年的预科强化教学，然后再正式开始 4 学年的本科学历教育（王侁旻等，2016）。2013 年，教育部国际合作与交流司和国家留学基金管理委员会委托北京语言大学研发了"中国政府奖学金本科来华留学生预科教育结业考试"，作为预科生结业"达标"的评价标准。该考试体系的汉语综合统一考试包括经贸类、理工类、文科类和医学类 4 个考试类别，其中每个类别的考试均由"一般汉语"考试和"专业汉语"考试两部分题目组成。一般汉语（为避免歧义，本文用"一般汉语"代表试卷结构中的"基础汉语"，其原因是"基础汉语"容易与"级别"产生关联，比如"中级汉语""高级汉语"等）考试是 4 个专业共同的测量内容。考生根据未来本科就读专业的不同要求分别选择相应类别的专业汉语考试。截至 2019 年，各类预科考生总人数已达到了 26388 人（次）。经过 7 年的试考、探索和完善以后，预科汉语综合考试的信度、效度以及在预科教学中所发挥的积极反拨作用不仅得到了预科教育院校的普遍认可，而且在一定程度上赢得了本科专业教育院校的肯定。

随着预科考试社会影响的不断扩大，加之目前国内尚缺乏面向自费本科生和非中国政府奖学金来华留学生的统一招生考试体系，很多高校对建立科学、规范、统一的招生考试标准的诉求日益迫切，不少专家学者时有建议将目前的预科考试推广为针对所有来华本科留学生的招生考试标准，以提高来华留学生的教学质量。由于不同的语言测试都有其特定的测量对象、目的、功能和构想，因此对考试效用（usefulness）的评价不是单维的，除了信度、构想效度（construct validity）以外，还必须从考试的真实性（authenticity）、交互性（interactiveness）、对教学的影响后果（impact）以及考试的可行性（practicality）等角度进行多维评价（Bachman & Palmer，1996），即对考试效果的评价必须与测量目的和用途相结合，脱离具体语境去评价考试的"好"与"坏"是毫无意义的（Davies，2001；Douglas，2001），因此将预科汉语考试直接用作一般来华本科招生考试标准在理论和实践方面都是一个值得探讨的问题。鉴于上述考虑，本文将首先对来华本科招生考试和预科汉语综合考试的基本属性分别进行多维分析，然后从理论和实践角度对两类考试体系进行对比，最后提出来华留学本科招生考试体系的构建思路。

二、来华本科招生考试的基本属性

考试类型可以从测量对象、用途、目的、构想、功能和分数解释等不同角度进行分类。就语言测试而言，它既可以是具体语言教学过程的一个组成部分或与教学内容密切相关的考试，比如汉语入学分班测试（placement test）、教学过程中的诊断性测试（diagnostic test）和教学总结性考试（summative test）等（Brown，1996），也可以是独立于特定语言教学内容与过程的一般语言水平考试，比如招生选拔考试、汉语能力考试等。针对国际学生的本科招生考试的主要测量目的是选拔符合招生单位要求的合格学生，不是评价学生既往的语言学习经历、教学效果等，也不是建立在具体教学过程基础上的语言评价考试。与学业考试相比，招生考试有其特定的测量对象、测量目的、理论构想和统计分布等典型属性。

2.1 招生考试的对象

来华本科招生考试测量的目标对象是所有打算接受本科及以上学历教育

的母语非汉语的国际学生。测量对象的基本特点是：（1）母语背景多元化；
（2）基础教育经历和水平差别较大；（3）汉语水平参差不齐；（4）大学专业学
能的个体差异很大；（5）学历教育的目标专业异质性较高；（6）学生自身的跨
文化适应 / 交际能力、学习策略、学习动机、学习态度以及学习目标等个体
因素复杂多样。因此，招生考试必须充分考虑所有测量对象的多元化特点。

2.2 招生考试的目的

来华本科招生考试不同于一般的学业成就测验（achievement test），因为
它的测量目的不是评价特定国别、特定机构的教学效果，也不是评价学生在
义务教育阶段的学习结果，更不是评价学生是否具备某一特定职业的从业资
格，而是满足来华本科招生院校选拔优质生源的需求。所以，本科招生考试
的设计必须在对招生院校进行需求分析（need analysis）的基础上，明确界定
招生院校的根本需求，以确保通过考试能够选拔到符合本科学历教育标准的
合格生源。

2.3 招生考试的性质

传统意义上，从测验用途和分数解释的视角可以把语言测试分为两大
类，一是标准参照性考试（Criterion-Referenced Test，CRT），二是常模参照
性考试（Norm-Referenced Test，NRT）。标准参照性考试（CRT）是伴随着
美国 20 世纪 50 年代末期和 60 年代初期教育理念的改变而提出的一个概念
（Hambleton，1994；张厚粲、刘昕，1992）。标准参照性测验主要关心的问
题是构建严格而精确的领域规范（specification for domain）或目标行为领域
规范（specific domain of target behaviors），并据此对考生的测验分数给出解
释（Gronlund & Keith，2013）。常模参照性考试是指测验开发者或考试的用
户可以参照其他被试团体的测量表现（performance）或某一特定的考生常模
表现对考生的测验结果进行常模（或比较性）解释的测验类型（Bachman，

1990；Hambleton，1994）。在常模参照性语言水平测试中，任何一个被试的语言水平或测量结果都不是单独进行评价的，而是根据参加该考试的所有考生的语言水平或者某一个对目标组考生具有足够代表性的常模团体表现进行解释。简单地说，语言教学中的达标性考试（mastery test）或总结性考试（summative test）可以理解为标准参照性考试，而招生考试则可以理解为典型的常模参照性考试。

2.4 招生考试的理论构想

为了满足招生选拔需求而开发的语言水平考试不是以既定的教学大纲作参照，也不是以特定的教材内容为命题依据，因此测验的开发者必须首先基于某一语言水平理论提出要测量的语言能力定义，即对测量构想进行理论定义（theoretical definition）。然后在理论定义的基础上进行操作性定义（operational definition），即通过选择合适的测验方法和测验任务实现对理论构想的测量（Bachman，1990）。比如，在来华留学本科招生考试中，如果招生单位关注的是具有不同母语背景和学习经历的考生是否具备在以汉语作为教学媒介的本科学历教育中所要求的汉语水平，那么招生考试的设计就要对语言能力进行理论描述，并借助目标语言使用情景（target language use situation）中的典型任务形式进行操作化处理，从而确保基于考试分数做出的招生决策的合理性，比如 TOEFL、IELTS 等考试均属于面向母语非英语者的学历教育招生考试（Bachman & Palmer，1996；Charge & Taylor，1997）。因此，任何招生考试都有其独立于具体教学内容的理论构想。

2.5 招生考试的难度及分数分布

为满足招生需求而开发的语言水平考试与一般学业测试的区别除了测量对象、用途、性质和理论构想不同以外，还体现在对测验题目的难度及测验分数分布要求不同两个方面。在诊断性学业测试和达标性学业测试中，考试的最主要目标不是对考生进行"排名"（虽然考试分数客观上也具备这样的功能），而是通过考试发现学生对不同语言知识掌握的程度，所以测验题目的难度没有严格的理论要求。但是在招生考试中则要求测验题目的难度分布、分数分布尽可能符合测量对象的语言能力的统计分布规律，即标准正态分布（见图1）。

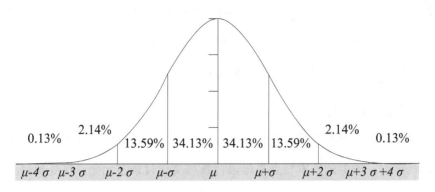

0.13%   2.14%   13.59%   34.13%   34.13%   13.59%   2.14%   0.13%

$\mu-4\sigma$ $\mu-3\sigma$ $\mu-2\sigma$ $\mu-\sigma$ μ $\mu+\sigma$ $\mu+2\sigma$ $\mu+3\sigma$ $+4\sigma$

图1 招生考试题目难度 / 分数理想分布图

心理学和统计学的研究结果表明，被试总体的语言水平基本上符合标准正态分布，所以招生考试题目的难度范围分布要广，平均难度值既不能太高也不能太低。如果考试的题目难度分布和测验分数分布都基本符合标准正态分布，那么考试就具有非常理想的区分度，一方面通过测验分数可以把不同语言水平的考生准确地区分开来，另一方面，在根据不同的分界（cut-off）分数做出招生录取与否的决策时，不仅可以控制错误肯定（false positive）的误差，而且还可以根据需要降低错误拒绝（false negative）的概率，从而在最大程度上保证招生考试的公平性（Hambleton，1994）。

针对国际学生的招生考试，无论是语言水平测试还是其他专业科目的考试，均属于高利害性考试，考试结果的使用对考生的个人前途和招生机构的教学质量都有重要的影响。所以，在开发这类考试时，必须首先对潜在测量对象的基本特征进行清晰的刻画，然后结合测试的用途和目的对测量的构想进行理论定义和操作定义，保证题目难度分布和分数分布符合心理学的统计要求，否则测试的效用既经不起理论的检验，也无法满足实践的需要。

三、预科汉语综合考试的基本属性

中国政府奖学金本科来华留学生预科教育结业汉语综合统一考试（下文简称"预科汉语考试"）并不是真正的来华留学本科招生考试，而是为适应目前的中国预科教育制度，基于"考教结合"的设计理念，针对特定测量对象，为特殊测量目的而开发的汉语考试体系。

3.1 预科汉语考试的对象

预科汉语考试的测量对象是享受中国政府奖学金来华攻读本科学历教育的国际学生。考生的基本特点是母语背景和文化背景多元化，接受预科教育的目标基本相同，本科所学习的专业相对比较集中。在学业水平方面，绝大多数学生来华以前基本上没有汉语基础，学生所接受的义务教育水平差异很大，同时与我国义务教育体系和质量要求之间也存在一定的差距。此外，考试对象的潜在规模比较有限。可以说测试对象在汉语基础、知识结构以及专业学能等方面的同质性较高。

3.2 预科汉语考试的目的与用途

2005 年，预科教育试点的启动是一件具有标志性意义的国家层面的留学生教育制度创新事件。进入 21 世纪后，享受中国政府奖学金来华接受本科学历教育的学生规模不断扩大，由于这些学生在接受本科专业教育时所需要的汉语水平和专业学能水平较高，绝大多数学生很难适应以汉语作为授课语言的本科专业学习要求。为了提高这些学生的汉语水平，降低本科专业学习中的语言交际和使用困难，国家留学基金管理委员会（CSC）组织若干高校承担了这些学生的集中预科教育，在对学生进行 1 学年的基础汉语教学的同时，根据不同本科专业的需求适当开设了专业汉语教学课程。

预科院校在教学过程中必然会遇到如何评价教学效果，如何评价学生是否达到预科结业要求并基本满足本科入学要求的问题。最初学生的预科结业考核是以新 HSK 为标准，但是新 HSK 并不是专门针对预科教育评价而设计的考试。如果以各预科院校自己设计的考试作为结业评价标准，那么就无法保证院校之间考核要求的一致性；如果继续将新 HSK 作为结业考核标准，那么预科教学的系统性、完整性以及预科教育的目标就无法保障，有时还会因为学生的 HSK 课外应试动机导致与预科教学目标脱节。因此，2013 年我们专门针对预科学生开发了预科汉语考试，通过该考试测量学生是否达到预科教育的"结业"标准，同时也兼顾了本科就读院校的学业要求，在一定程度上发挥了入学"门槛"考试的选拔作用。

3.3 预科汉语考试的性质

从设计的初衷、测量目的和用途来看，预科汉语考试具有特殊性和复杂性，它既不同于一般的汉语水平考试，也有别于标准的招生选拔性考试，而是语言与专业、知识与能力的统一体（王佶旻等，2016）。考试与教学之间存在密切的互动关系，考试的结果必须保证绝大多数学生经过 1 学年的预科教育以后能够达到"结业"合格的标准。因此，从分数解释和测量的内容来看，预科汉语考试又具有明显的标准参照考试的特点。

3.4 预科汉语考试的理论构想

由于汉语是预科学生在华完成本科学历教育所必需的语言要求，因此预科汉语考试测量构想域（domain of construct）不仅包括学生的一般汉语水平，而且还要包括学生的专业汉语水平（academic Chinese proficiency）和专业知识（discipline-specific knowledge）。因此，预科汉语考试同时具有一般汉语水平测试和特殊用途语言测试（Language Testing for Specific Purposes）的双重特点（Criper & Davies，1988），其构想域具有明显的多维性和交叉性（Evans & Maggle，1998；Lyons & Lumley，2001）

3.5 预科汉语考试的题目难度及分数分布

3.5.1 难度分布与检验

预科汉语考试的测量对象比较集中，考生的语言水平全距比较窄，或者说语言水平具有较高的同质性。由于测量对象的学业基础具有上述特殊性，预科汉语考试的用途也具有特定的针对性，最重要的是考试结果必须满足"确保绝大多数学生经过 1 学年预科教育以后达到结业合格"的外在要求。所以，在操作层面上预科汉语考试的难度分布既不追求也无法满足标准正态分布的要求。我们以 2019 年经贸类预科汉语考试为例，说明题目难度分布的基本特征（见图 2）。

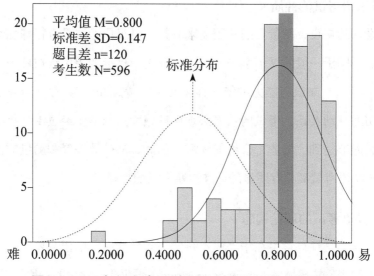

平均值 M=0.800
标准差 SD=0.147
题目差 n=120
考生数 N=596

标准分布

图2　2019 年经贸类预科汉语考试题目难度值分布图

通过对图 2 题目难度值分布的直观分析可见，经贸类预科汉语考试题目的难度值分布与标准正态分布相比存在较大差距。120 个测验题目（不含作

文）的平均难度值为 0.80，测验题目对考生整体而言偏简单。通过 Shapiro-
Wilk 和 Kolmogorov-Smirnov[a] 法对考试题目难度值分布的统计检验结果显
示 p=0.000 < 0.00，可以拒绝零假设，而接受备择假设，即测验难度值分
布与标准正态分布之间存在显著性差异。如果再结合难度值分布的偏度值
$Skewness$=−1.386 和峰度值 $Kurtosis$=2.402 分析可以发现，题目的难度分布呈
尖峰状负偏态分布（检验结果见表 1）。

表 1　2019 年经贸类预科汉语考试题目难度分布检验

	偏度值 （Skewness）	峰度值 （Kurtosis）	Kolmogorov-Smirnov[a]			Shapiro-Wilk		
			统计量	df	$Sig.$	统计量	df	$Sig.$
难度值	−1.386	2.402	0.131	120	0.000	0.887	120	0.000

3.5.2 分数分布与检验

测验题目难度负偏态分布的结果必然体现在测验总分的分布方面（见图
3）。考生在 120 个题目上的测验分数的平均值 M=96.02，标准差 SD=14.199。
根据分布图可发现考生的考试总分分布也是呈明显的尖峰状负偏态分布。用
Shapiro-Wilk 和 Kolmogorov-Smirnov[a] 法检验的结果均显示，考试总分分布与
标准正态分布之间存在显著性差异。

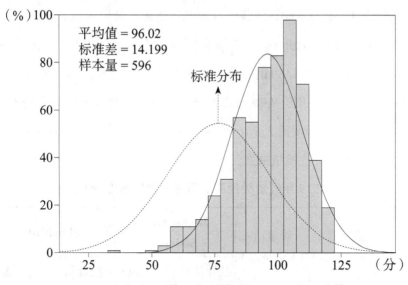

图3 2019年经贸类预科汉语考试总分分布图

由于预科汉语考试采用"一般汉语"加"专业汉语"的组合式测量模式进行测试，所以整卷题目的分布和总分分布无法准确反映一般汉语测试题目和专业汉语测试题目各自的分布特征。所以我们再分别针对一般汉语测试（80题）和经贸专业汉语测试（40题）的分数分布情况进行显著性检验，检验结果见表2。

表2 一般汉语和经贸专业汉语分数分布检验结果

	偏度值（Skewness）	峰度值（Kurtosis）	Kolmogorov-Smirnov[a]			Shapiro-Wilk		
			统计量	df	Sig.	统计量	df	Sig.
一般汉语	−0.876	0.695	0.095	596	0.000	0.944	596	0.000
专业汉语	−0.647	0.291	0.093	596	0.000	0.968	596	0.000

考生的一般汉语测试分数分布的偏度值和峰度值分别是−0.876（skewness ＜ 0）和 0.695（kurtosis ＞ 0），用 Shapiro-Wilk 和 Kolmogorov-Smirnov[a] 法

检验的结果均显示，考生的一般汉语测试分数分布与标准正态分布之间存在显著性差异。同理，考生的经贸专业汉语测试分数分布的偏度值和峰度值分别是 -0.647（skewness < 0）和 0.291（kurtosis > 0），Shapiro-Wilk 和 Kolmogorov-Smirnov[a] 法检验的结果也显示，经贸专业汉语测试分数分布与标准正态分布之间也存在显著性差异。

预科汉语考试测量的考生对象、测试的目的和用途比较特殊，考试的分数解释具有标准参照性考试的特征。由于预科生并不是高校经过统一招生考试后选拔的结果，而是本科"预录取"后的强化教学对象，因此考虑到预科教育生源的现状，目前的预科汉语考试体系不仅符合预科教育"结业"考核的实践要求，同时也在一定程度上兼顾了本科入学"门槛"的考试功能要求。

四、预科汉语考试与招生考试的对比分析

预科汉语考试与一般招生入学考试在测试对象、用途、性质、构想及题目难度与测验分数分布等方面既存在一定的共性，同时也存在相当大的差异。预科汉语考试的对象是享受中国政府奖学金并接受 1 学年预科强化教学后的"预录取"本科生，测量的主要用途是考查学生是否达到了 1 学年预科教育的培养目标。测验结果解释的标准参照属性更明显，测量的理论构想主要关注的是考生的一般汉语水平和专业汉语水平与知识。所以，预科汉语考试是一个基于交叉构想的综合性测量工具。由于预科汉语考试的结果必须满足绝大多数学生经过 1 学年预科教育以后能够达到"结业"水平的客观需要，所以测验的难度分布和分数分布与严格意义上的招生入学考试有着本质的区别。

在理论方面，预科汉语考试采用"一般汉语"加"专业汉语"的测量模式，测试内容既要测量考生的一般汉语能力与汉语知识，也要测量考生的专业汉语能力与专业知识。由于一般汉语水平或能力测试的理论构想研

究成果相对比较充实（Canale，1983；Candlin，1986；Murcia et al.，1995；Bachman & Palmer，1996），因此测验的操作性定义也比较容易。但是专业汉语测量的理论研究成果相对不足，专业汉语水平的本质是什么，专业汉语水平与专业知识的关系如何界定等等，都存在若干亟须解决但学术界迄今为止尚未达成基本共识的问题（Alderson & Clapham，1992；Elder，2001）。比如，经贸专业汉语教学是基于语域分析（register analysis）、需求分析（need analysis）和语体分析（genre analysis），从学习者需求角度提出的概念（沈庶英，2006；张黎，2014），预科学生的汉语实际需求是进入大学本科后能够达到以汉语作为教学语言的专业课的学习要求，在测试甚至教学中教师和测验研发人员必然面对如何界定专业汉语与一般汉语的关系问题。

一般汉语与专业汉语在语音方面的差异经常体现在多音字（词）的语境依赖性方面；词汇差异主要体现在专业程度（specificity）方面（Skehan，1987）。严格来说专业汉语的词汇都属于汉语词汇的范畴，除了语境、语体、语域等约束以外，一般汉语词汇的专指性越强，就越倾向于专业汉语的范畴，同时有些专业汉语词汇经过不断泛化以后，也可属于一般汉语的范畴。就句法来说，任何专业汉语都没有完全脱离一般汉语语法而独立的表达方式，只是不同汉语句式在专业汉语语域中的使用频率与一般汉语中的使用频率之间存在统计差异而已（张黎，2006）。不过在语言教学和测试中一般汉语和专业汉语之间的交叉程度在理论上还无法进行精确地描述。

在实践方面，目前的预科汉语考试体系主要是为了满足特定测量对象而开发的特殊类型的考试，是预科教育现实需求驱动下的"权宜之计"。考试的对象比较特殊，测验使用的目标相对单一，考试结果对学生的利害性不高。所以，如果简单地将目前的预科汉语考试移植到招生选拔领域，那么考试的对象、用途和功能就发生了本质的改变。一方面对于专业归属不明确的考生而言，考试结果缺乏公平性，对于高水平考生来说，考试结果容易产生

"天花板"效应。另一方面，对于招生单位来说，现有的专业汉语考试涵盖的学科有限，无法满足本科招生专业的多元化需求。简而言之，尽管预科汉语考试的命题质量和考试规范比较理想，考试的信度、效度与预科教育的评价目标高度吻合，但是与招生考试的客观需求相比，预科汉语考试的功能与典型的招生考试功能并不完全匹配，预科汉语考试尚不具备直接替代招生考试的功能。因此要解决来华本科招生的质量问题，就有必要结合来华本科教育的现状，在适当借鉴国外留学生招生考试研究成果的基础上，开发独立的来华招生考试。

五、来华本科招生考试设计思路

尽管现行的来华预科汉语考试体系与招生考试的要求还存在比较明显的错位现象，不过，多年的使用和探索证明，预科汉语考试体系具有显著的实践优势，其优点可以归纳为"以考统教，以考促学，考教结合，标准统一"。在预科考试制度设立以前，预科学生的"结业"依据主要是新 HSK 考试成绩，这样的考核要求给预科教学带来了一定程度的消极反拨效应，一是正常教学难免因学生的应试要求而受到干扰，二是学生的学习动机、学习行为在相当程度上脱离了日常教学中"汉语能力"培养的目标，三是考试的合格标准与本科院校的专业教育要求并不一致。预科汉语考试制度设立以后，预科教育院校在尊重教学规律的基础上，加强校际合作，统一编制了不同专业类型的汉语教材，将预科汉语考试作为预科教育结业"达标"的评价标准，既解决了一般汉语水平的测量问题，也兼顾了专业知识与水平的测量，避免了外在评价标准对预科教学的干扰，同时有效调动了学生的学习积极性，充分激活了学生的学习动机，实现了预科教育的培养目标。

通过对预科教育院校和本科接收院校的跟踪访谈，我们得到了比较积极的反馈。高校招生和教学单位普遍认为，经过预科教学并考核合格的学生，虽然与严格的中外学生"同堂授课"要求相比还有较大的差距,但是与未接受预科强化教学和考核的同等生源相比,他们的汉语基础更扎实,学习动机更强,语言学能和专业学习能力相对更高。预科汉语考试不仅积累了宝贵的实践经验,而且通过考试的实施,让我们对高校来华留学生的生源现状、招生需求有了比较全面、深入的认识,为进一步开发更具针对性、普适性的招生考试奠定了基础。

英联邦国家合作开发的 IELTS 考试在 1980 年曾按生命科学、技术学科、社会科学、医学、自然科学和一般学业 6 个学科的语言测试体系,针对在英国就读的不同专业的学历生进行专业英语测评。由于学科之间存在交叉,1989 年将 6 个学科归并为自然科学与技术、生命科学与医学、商科与社会科学 3 个专业进行施测,但是进一步的实证研究结果表明这种按专业学科进行分类测试的理论依据不足,施测可行性、命题可行性、报考可行性严重制约了考试的推广,也难以满足不同高校和学生的实际需求(Clapham, 1996;Davies, 2001)。因此,从 1995 年开始 IELTS 考试放弃了分专业测量一般英语水平和专业英语水平的模式,回归到一般学业英语水平测试的轨道上来(Charge & Taylor, 1997)。目前,在英联邦国家的本科招生中,考生需要提供 IELTS 成绩、A-LEVE 成绩或者高中学业成绩 GPA。同样美国大学本科招生考试采用的也是一般英语水平测试加学能考试的模式,即采用"TOEFL/IELTS+SAT/ACT"的招生选拔模式。这样的招生考试框架,既符合语言教学与水平测试的理论要求,同时在可行性、公平性方面也具有足够的保证(Cumming, 2001;Sullivan, 2012)。考虑到我国目前的预科教学和高校本科招生现状,我们建议在保留预科考试的基础上,充分借鉴国外招生考试积累的实践经验,统筹考虑构建针对预科考生和非预科考生的完整考试体系(见图 4)。

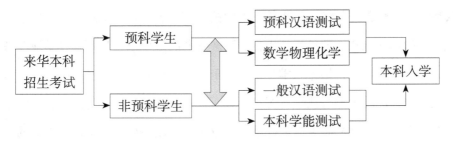

图4 来华本科招生考试开发框架

根据我国目前本科来华留学生招生及教学的现状，来华本科招生考试体系可继续维持目前的预科考试，毕竟该考试已经经过实践检验而具有较高的效度。一方面，现行的预科考试不仅可以满足中国政府奖学金本科来华留学生预科教育的现实需要，而且随着各高校对来华本科学历教育重视程度的提高，高校可根据不同专业本科招生规模自主设置预科教育体系，也可以通过优势互补的方式由若干高校合作设置预科教育联盟，从而将目前的预科考试进一步扩大其应用范围，充分发挥考试对预科教育的评价作用。另一方面，从长远来看，预科教育对象毕竟不是高校来华本科招生的主要来源，各类自费本科申请者才是招生选拔的最大群体。所以，为了满足各高校来华本科教育招生的长远需要，我们应该正视留学生教育由"规模发展"向"提质增效"转变的历史趋势，在对高校来华本科招生进行需求分析的基础上，专门开发具有普适性的招生考试体系。考试框架应该包括本科入学一般汉语水平测试和本科学能测试，其中前者基于交际语言能力模型对测量的构想进行理论定义和操作化定义，考试不是针对任何特定教材、教学内容、教学方法和教学环境而开发的，而是具有跨专业构想一致性、公平性的语言能力考试。后者则侧重对本科学业成功与否具有普遍意义的学能测量，即本科学能测试的构想以基本的逻辑思维能力、量化分析能力以及批判性阅读能力的测量为主。这样的考试体系具有如下明显的优点：（1）有利于预科教育的可持续性发展;（2）满足了高校对非预科学生的招生需求;（3）为预科学生增加了考试评价的选择方式，即预科学生在预科教育期间既可以参加预科"结业"考试，也可以参加本科招生入学考试。由于针对非预科学生开发的本科招生考试是以选择优质生源为测量目标，考试所针对的对象异质性更高，测量的难度全距更大，分数分布更接近标准正态分布，考试结果对考生未来学业的预测效度更高，因此更符合来华本科招生院校的客观需求。

六、结语

经过多年的预科教学与预科考试实践，我们有机会充分了解到来华留学生招生的标准、生源结构与质量现状，进一步掌握了高校来华本科教育对学生语言水平和学能水平的基本要求，同时对生源素质和教学要求之间的差距也有了更深刻的认识。预科汉语教学与考试研究成果为来华本科招生考试体系的科学设计提供了一定的理论基础和实践经验，高校招生规模的不断扩大对标准化招生入学考试的需求日益迫切。因此，开发针对更大目标群体的真正意义上的来华本科招生考试体系的主客观条件已经具备，时机已渐成熟。按照上述设计思路，预科考试与非预科招生考试具有较强的互补性、针对性和互动性，考试体系既兼顾了短期目标，也考虑到了长远目标。来华留学本科生招生考试体系的完善，不但可以弥补各类非政府奖学金生和自费来华本科招生选拔标准的缺失，而且也是推动我国留学生本科教育质量提高的关键措施之一，同时也是维护中国高等教育国际形象的重要手段。

参考文献

柴省三 2015 中美留学生教育招生考试体系对比研究,《中国考试》第5期。

教育部国际合作与交流司 2001《2001 来华留学生简明统计》，北京：外国留学生教育管理分会编制，内部资料。

教育部国际合作与交流司 2018《2018 来华留学生简明统计》，北京：外国留
　　学生教育管理分会编制，内部资料。

沈庶英 2006 经贸汉语综合课的定位，《语言教学与研究》第 5 期。

王佶旻、黄理兵、郭树军 2016 来华留学预科教育"汉语综合统一考试"的
　　总体设计与质量分析，《语言教学与研究》第 2 期。

张厚粲、刘　昕 1992《考试改革与标准参照测验》，沈阳：辽宁教育出版社。

张　黎 2006《国民经济和社会发展统计公报》语篇分析，《语言文字应用》
　　第 1 期。

张　黎 2014 商务汉语教学的认识误区，《国际汉语教学研究》第 3 期。

Alderson, J. Charles.C Clapham Caroline (ed.) 1992 Examining the ELTS Test: An
　　Account of the First Stage of the ELTS Revision Project -Research Report 2.
　　IELTS Research Reports 2(1): 64-106.

Bachman, Lyle F & Palmer Adrian S. 1996 *Language Testing in Practice*. Oxford,
　　UK: Oxford University Press.

Bachman, Lyle F. 1990 *Fundamental Considerations in Language Testing*. Oxford:
　　Oxford University Press.

Brown, James Dean. 1996 *Testing in Language Programs*. New Jersey. Hoboken,
　　New Jersey: Prentice Hall Regents.

Canale, Michael. 1983 On Some Dimensions of Language Proficiency. In Oller
　　John W. Jr (Ed.) *Issues in Language Testing Research*, 333-342. Rowley,
　　Mass: Newbury House Publishers.

Candlin, Christopher N. 1986 Explaining Communicative Competence Limits
　　of Testability?. In Charles W Stansfield (Ed.) *Toward Communicative
　　Competence Testing: Proceedings of the Second TOEFL Invitational
　　Conference*, 38-57. Princeton, New Jersey: Educational Testing Service.

Celce-Murcia, Marianne, Dornyei Zoltan & Thurrel Sarah. 1995 Communicative Competence: A Pedagogically Motivated Model with Content Specifications. *Issues in Applied Linguistics*, 6(2): 5-35.

Charge, Nick & Lynda B Taylor. 1997 Recent developments in IELTS. In Charge, Nick & Lynda, B Taylor. *English Language Teaching Journal*, 374-380. Oxford: Oxford University Press.

Clapham, Caroline. 1996 *The Development of IELTS: A Study of the Effect of Background Knowledge on Reading Comprehension.* Cambridge: Cambridge University Press.

Criper, C & Davies A. 1988 *ELTS Validation Project Report: Research Report 1(i).* The British Council/University of Cambridge Local Examinations Syndicate.

Cumming, Alister 2001 ESL/EFL Instructor's Practice for Writing Assessment: Specific Purposes or General Purposes? *Language Testing* 18(2): 207-224.

Davies, Alan 2001 The Logic of Testing Language for Specific Purposes. *Language Testing* 18(2): 133-147.

Douglas, Dan 2001 Language for Specific Purposes Assessment Criteria: Where do They Come from? *Language Testing* 18(2): 171-185.

Dudley-Evans, Tony & John Maggie-Jo St 1998 *Developments in English for Specific Purposes: A multi-disciplinary approach.* UK: Cambridge University Press.

Elder, Catherine V. 2001 Assessing the Language Proficiency of Teachers: Are There Any Borders Controls? *Language Testing* 18(2): 171-185.

Gronlund, Norman E & Keith Waugh C. 2013 Assessment of student achievement, 10th ed.Upper Saddle River: Pearson Education.

Hambleton, Ronald K. 1994 The Rise and Fall of Criterion Referenced

Measurement? *Educational Measurement: Issues and Practice* 13(4): 21-26.

Hamp-Lyons, Liz & Lumley, Tom 2001 Assessing Language for Specific Purposes *Language Testing* 18 (2): 127-132.

Horie, Miki 2002 The internationalization of higher education in Japan in the 1990s: A reconsideration *Higher Education* (43): 65-84.

O'Sullivan, Barry. 2012 Assessment Issues in Languages for Specific Purposes. *The Modern Language Journal* Vol.96:71-88.

Skehan, Peter 1984 Issues in the testing of English for specific purposes. *Language Testing* 1(2): 202-220.

来华留学生预科教育的机制构建与模式创新[*]

李春玲

中央财经大学

摘　要　文章在新汉语国际教育视域下，对"来华留学生预科教育"做了进一步的界定，并结合我国来华留学生预科教育现状，提出了"两个构建"和"一个创新"的设想。"两个构建"是指，构建来华自费留学生（本科生）预科教育机制和构建来华留学生（研究生）预科教育机制；"一个创新"是指，创新来华留学生预科教育模式，即从海内外联盟的建立和战略性专业的设置两个方面进一步探讨来华留学生预科教育的培养模式。

关键词　新汉语国际教育；预科教育；来华留学生

随着我国汉语国际教育事业的迅猛发展，"越来越多的海外学生将留学的目标聚焦于我国……至 2011 年底，已有来自 190 多个国家和地区的各国留学生来华学习"（于晓日，2013）。作为一个新兴领域的我国来华留学生预科教育已成为名副其实的朝阳事业。良好的来华留学生预科教育不仅是来华留学学历生自身发展的需要，更是教育国际化的需要。在"新汉语国际教育"视域下（本文所说的"新汉语国际教育"内涵既与 1983 年起所说的"对外汉语教学"和 2007 年起所说的"汉语国际教育"一脉相承，又是一个内涵更丰富、外延更开放、综合色彩更浓厚的交叉学科。其内涵可以理解为，以中国为教育主体，逐渐走向以中外为双教育主体，面向海内、外母语非汉语者为教育

---

* 本文曾发表于《江苏高教》2015 年第 2 期，本次收录时做了必要的修改和补充。

对象的以汉语言文化教学为中心的培养人的教育、教学活动或与之相关的所有活动的总称），如何办好来华留学生预科教育，对我国汉语国际教育事业的发展具有重要的意义。

一、来华留学生预科教育的界定及其现状

本文探讨来华留学生预科教育，首先必须明确本文所指的"来华留学生预科教育"与以往所说的"来华留学生预科教育"的关系。以往所说的"来华留学生预科教育"是专指来中国读学位（大都指攻读本科学位）的外国留学生在华进行的预科教育。而本文所说的"来华留学生预科教育"既可以指来华读学位的外国留学生在华接受的预科教育，也可以指来华读学位的留学生在中国以外的国家和地区接受的预科教育。即这种预科教育的施教地点既可以在中国，也可以在国外。因此，本文所指的"来华留学生预科教育"与以往的"来华留学生预科教育"既一脉相承，又扩大了其内涵和外延。这一界定既符合汉语国际教育的现状，也是目前汉语国际教育事业发展的需要。

来华留学生预科教育在中国起步较晚。1962 年由北京大学和北京外国语学院联合筹办成立的"外国留学生高等预备学校"的成立，标志着新中国来华留学生预科教育的开始。

改革开放后，特别是近年来随着我国汉语国际教育事业的发展，来华留学的外国留学生中学历生和非学历生数量都在快速增长，来华留学生预科教育发展迅猛。不过，总体看来，来华留学生预科教育还"处在初级阶段"（张广磊，2014）。

2005 年 9 月，教育部和国家留学基金委员会以中国政府奖学金来华留学生本科生为对象，分理工农医、经济管理和文学艺术等三类开展了预科教育的试点工作。在三所大学——天津大学、南京师范大学和山东大学进行政府奖学金留学生预科教育试点工作，并先后两次将试点学校扩大为天津大学、

南京师范大学、山东大学、同济大学、华中师范大学、北京语言大学、东北师范大学等院校。

2010 年《教育部关于对中国政府奖学金本科来华留学生开展预科教育的通知》（教外来〔2009〕20 号）①（以下简称《通知》）正式出台。该《通知》也只是针对来华国家政府奖学金公费生建立的教育机制，而没有涉及来华自费留学生本科生的预科教育机制，更谈不上建立来华留学生研究生预科教育机制了。

目前关于来华留学生预科教育的文章主要集中在以下三方面：一是关于政策和发展问题的研究，二是关于教师、教材、教法、评估等问题的研究，三是关于人才培养及管理问题的研究。这些研究成果对来华留学生预科教育的发展及后继研究提供了有益的参考。

二、来华留学生预科教育机制的构建

结合目前我国来华留学生预科教育的现状，本文认为，来华留学生预科教育急需构建以下两个教育机制。

2.1 来华自费留学本科生预科教育机制的构建

中国政府奖学金来华留学生预科教育机制逐渐走向规范化和科学化，这种较成熟、规范、科学的预科教育机制应逐步向来华自费留学生预科教育辐射。然而，目前由于教育部对来华自费留学生预科教育的目标、内容、管理和考核等方面还未做出明确的要求和规定，所以各招生院校均处于各自为政的状态。表 1 是 2009—2013 年来华留学生的情况。

---

① 参见教育部官网《教育部关于对中国政府奖学金本科来华留学生开展预科教育的通知》（教外来〔2009〕20 号），http://www.moe.gov.cn/srcsite/A20/moe_850/200903/t20090313_89013.html。

表1 2009—2013年来华留学生人数表（单位：人次）

数量与类型	年份				
	2009年	2010年	2011年	2012年	2013年
留学生总数	238184	265090	292611	328330	356499
非学历生	144734	157658	173774	194821	208609
学历生	93450	107432	118837	133509	147890
政府奖学金生	18245	22390	25687	28768	33322

从表1可以看出：一是近5年来，来华留学生的数量每年均大幅度递增，其中非学历生的数量占优势，所以我们要加大力度增加来华留学生学历生的数量。二是近5年来，来华自费留学生中学历生的数量远远大于中国政府奖学金学历生的数量。上表还表明拥有中国政府奖学金的留学生并非都是学历生，还有相当一部分是语言生。

综上可见，我们一方面要充分利用国内外各种资源扩大招收来华自费留学本科生。另一方面要进一步探讨并逐步建立来华自费留学本科生预科教育机制，使招生模式、培养模式、管理模式、考核模式等制度化、系统化和科学化，这不仅是我国来华留学生预科教育发展的需要，也是使我国能早日成为外国留学生优质留学目的国的重要举措，更是提高我国国际声誉，培养真正知华、懂华、友华、爱华的高层次国际友人的重要途径之一。

2.2 来华留学研究生预科教育机制的构建

来华留学研究生，无论是硕士研究生还是博士研究生，无论是公费生还是自费生，在进入专业学习之前，都需要语言学习和专业教育等方面的培训（胡红洁、李有强，2013）。针对这部分学生应该如何开展预科教育，目前我国学界还很少提及，但在欧、美、日等一些发达国家，留学研究生预科教育模式已基本成熟，我们可以借鉴。

近几年，来华留学的学历生中研究生的数量也在迅速增加（见表 2）。

表 2　2010—2012 年各层次学历生占学历生总数比例表

留学生类型	2010 年（%）	2011 年（%）	2012 年（%）	2013 年（%）
专科生	1.1	1.1	1.2	1.4
本科生	75.8	73.4	71.8	71.2
硕士研究生	17.7	19.7	20.8	20.8
博士研究生	5.4	5.8	6.2	6.6

从表 2 数据可以看出，来华留学学历生中，最多的是本科生，所占比例为 71% 以上，且有逐年递减的趋势；硕士研究生的比例明显高于博士研究生的比例，且二者均有逐年递增的趋势；最少的是专科生，所占比例为 1% 左右。

在来华留学研究生中，对公费研究生国家有比较明确的汉语水平等级的要求，自费研究生方面，很多学校为了追求研究生的数量，对其汉语水平把关不严。即使是公费生，也不同程度地存在此类现象，由此造成他们的汉语水平、中华文化知识及专业知识等方面参差不齐。虽然目前有的院校在来华留学生研究生培养过程中，已经做了相当于预科教育的课程设置，但全国没有一个统一的、科学的课程设置体系和评估体系，更不必说优秀的培养模式了，各个院校基本是各行其道。因此，亟待构建全覆盖的、科学有效的研究生预科教育机制。本文建议，在全国范围内选设来华留学生研究生预科教育机制。用 1 年时间进行预科教育，构建基本统一的培养模式、管理模式和考核模式，进而起到强化语言、了解中华文化和熟悉专业的作用，这样会更有利于人才培养。这些试点院校取得经验，待成熟后再进一步向全国推广。

三、来华留学生预科教育模式的创新

来华留学生预科教育除了现有的培养模式外，我们还可从以下两方面进一步创新：

3.1 海内外联盟的建立

李宇明（2013）指出："现在很多学校都在办汉语教学，有些理工科学校办得很艰难，要建立预科教育大联盟。"目前来华留学生预科教育主要只限于在华的留学生预科教育，没有很好地开发海外预科教育市场并建立海内外的联盟关系。要想与国际接轨搞好来华留学生预科教育，必须开发海内外预科教育市场，共建海内外"共同校园"。

一是在国内：可建立与其他专业性强的大学联合培养的合作模式。本科生采取"1+4/5"或"2+4"的人才培养模式。这里的"1"和"2"是预科教育年限，"4"或"5"是大学阶段的专业学习年限。研究生（这里主要指硕士研究生）采取"1+2"的人才培养模式。这里的"1"是预科教育年限，"2"是研究生专业学习年限。

二是在国外：一方面可以选择将一些有汉语语言文学专业的学校开发为海外友好学校。本科生采取"1+3"或"2+2"的人才培养模式。这里的"1"和第一个"2"分别指来华留学生在中国学习汉语言文化知识或相关专业基础知识的年限，即预科教育年限，"3"和第二个"2"是指在本国攻读汉语言专业知识的年限，所得学分需双方互认。例如，南京大学"2003 年与荷兰乌特勒支大学语言学研究院建立了友好合作关系，通过定期互派留学生、联合培养、学历互认，强化了对外汉语教育学科的发展"（于淼，2011）。另一方面，可以尝试在国外孔子学院开设汉语言文学类预科课程。这不但使孔子学院的作用得到充分发挥，客观上还起到了加强国内预科教育与国际汉语教学的联结作用，在降低留学生学习成本的同时，也可加强本科学历教育和研究生学历教育的海外宣传。

以上模式中的预科教育结束后，都需采取一定的考核手段进行考核，如采取 HSK 过级手段或其他考核手段，合格后发给相应的证书，然后进入联盟学校攻读专业。

3.2 设置战略性专业

2010—2012 年，来华留学本科生各专业人数所占比例三年平均由高到低分别为：汉语言文学 28.77%，西医 27.37%，经济 14.07%，工学 10.37%，中医 7.70%，管理 7.33%，其他 4.39%。来华留学研究生中各专业人数所占比例三年平均由高到低分别为：汉语言文学 22.90%，管理 18.43%，工科 16.97%，经济 9.77%，法学 8.37%，西医 6.33%，中医 4.97%，理科 4.23%，其他 8.03%。

从以上数据可以看出，近 3 年的来华留学本科生、研究生各专业所占的比例，除了汉语言文学专业以外，还有医学、管理、经济学、工学等专业是来华留学生预科教育未来更具挑战性的专业。这些专业的留学生在读期间有的由于语言障碍还要攻读汉语言，这正说明我们缺少预科教育。从这一角度来看，除汉语言文学专业外的各个学科都应开设与其专业结合的初、中、高级汉语强化预科课程。因此，根据各校实际情况，来华留学生预科教育应先从比较成熟的专业抓起。除了结合所在院校特色以外，应继续夯实汉语言专业基础课程，并逐步向经管类、医学类、理工类扩展，还可与其他院校合作进行这些专业的来华留学生预科教育。总之，成熟一个发展一个，滚雪球般地不断扩大预科专业数量，从而进一步提高预科教育质量，为学生进入专业学习打下坚实基础。

四、结语

综上所述，来华留学生预科教育在我国还处于初级阶段。目前，中国虽然还不是优质留学目的国，但是，在接收来华留学生的数量上已形成规模，尤其自费学历生的数量在与日俱增。这预示着我们开展来华留学生预科教育具有广阔的前景与空间，也表明来华留学生预科教育是一个大有作为的朝阳事业。我国来华留学生预科教育要与世界接轨，要早日进入优质留学目的国行列，除了要全面发展预科教育以外，还需要在以上几个方面予以加强，这不仅是汉语国际教育事业发展的需要，也是国家发展的需要，更是时代发展的需要。

参考文献

胡红洁、李有强 2013 高等学校来华留学生预科教育的回顾与反思，《黑龙江高教研究》第 4 期。

李宇明 2013 教学相长：论留学生资源的充分开发，北京语言大学新闻网，2013-05-28。

于 淼 2011 开设留学生预科教育及改革汉语教学的探讨——兼论高效预科教育的市场价值与可购买度，《继续教育研究》第 8 期。

于晓日 2013 高校对外汉语教育的若干思考，《江苏高教》第 1 期。

张广磊 2014 我国汉语国际推广教育问题探析，《阅江学刊》第 5 期。

汉语预科教育模式的建构*

翟 艳

北京语言大学

摘 要 近十年来，关于汉语教学模式的研究成为热点，学界发表了大量的文章和学位论文，但关于预科教学模式的研究却仍不多见。学界普遍认为，对外汉语教学模式是多层面、多角度、多样化的，关注的因素、角度不同，所描述的模式就可能不同。本文基于北京语言大学多年预科教育的经验，深刻把握新时期预科教育的要求，从理论认识、教学实践、教学管理与教学评价等方面对预科教育模式进行了探索，阐释和说明了预科教育从顶端设计到底端操作的重要问题。

关键词 汉语预科教育；教学模式；建构

汉语预科教育指的是具有高中学历的来华留学生进入本科学习前所接受的汉语及专业基础知识的教育。我国早期的对外汉语教学发端于此。从规模上看，对外汉语教学今非昔比，作为其中一类的汉语预备教育如今定名为"汉语预科教育"。从历史的渊源和传统的继承角度来说，北京语言大学（以下简称"北语"）的汉语预科教育无疑是"北语对外汉语教学模式"的重要组成部分。进入新时期，重新认识和建构汉语预科教育的模式，汉语预备教育必将在新的理念上重建和中兴（赵金铭，2017）。

---

* 本文曾发表于《国际汉语教学研究》2018 年第 3 期，本次收录时做了必要的修改和补充。

一、汉语预科教育模式的关键因素

学界普遍认为，对外汉语教学模式是多层面、多角度、多样化的，关注的因素、角度不同，所描述的模式就可能不同（吴中伟，2016）。崔永华（2018）把对外汉语教学的教学模式理解为汉语教学的操作方式，"其外在表现为课程设置、教学方法（主要指课堂教学方法）与作为课程和方法载体的汉语教材。外在表现的背后依据则是对教学目标、教学内容、教学的基本原则以及模式的成因、过程的认识"。本文大致遵循这种思路，选择四个构建预科教育模式的关键因素，对当前的北语预科教育模式加以说明。

1.1 教学目标

建立教学模式，首先要对特定教学群体的教学需求加以分析。鲁健骥（2016）认为，评价教学模式的第一个标准是模式的有效性，就像"一双鞋子适合一双脚"，教学模式的构建首先考虑的是特定的教学需求和与之相应的教学目标。预科教育是学历教育的前端，无论学习什么专业、来自何种文化，预科生们均需具备大学学习的基本能力。这种模式与汉语短期教育和汉语进修教育都有很大的不同，即使是汉语言专业一年级的教育也无法替代。

2009 年，教育部发布的通知中阐述的来华预科教育的总体目标："使学生在汉语言知识和能力、相关专业知识以及跨文化交际能力等方面达到进入我国高等学校专业阶段学习的基本标准。"[①]"汉语言知识与能力"的获得主要依赖基础汉语教学，它与短期、进修等其他汉语教学类型享有共同的知识与能力内核，而"专业知识"及学习能力具有语言向专业过渡的搭桥性质，凸显了预科教育的特殊性。这个宏观的总体目标又可以分解为关注语言技能的获得的课程教学中观目标，以及各课程内部容易被观察及被测量的微观目标

[①] 参见教育部官网《教育部关于对中国政府奖学金本科来华留学生开展预科教育的通知》（教外来〔2009〕20 号），http://www.moe.gov.cn/srcsite/A20/moe_850/200903/t20090313_89013.html。

（翟艳，2016）。也就是说，预科教育模式的教学目标可以按照宏观、中观和微观三个层次来构建。

1.2 教学实践

吴勇毅（2017）认为，任何教学模式讨论的都是如何处理课程设置、语言知识传授、语言技能训练及教材编写之间的关系，无论是预备教育前期的"结构驱动的综合教学模式"，还是 20 世纪 80 年代的"技能驱动的分技能教学模式"，莫不如此。预科教育模式的教学实践将在课程体系建设、知识与技能训练方法、教材使用等方面展开。

1.3 教学管理

教学管理是不是教学模式的构成因素，学界意见有分歧。刘颂浩（2014）充分探讨和阐释了管理在模式建构中的重要性，并提出了一个教学管理模式，阐述了创建优秀教学模式所需的管理机制；汲传波（2014）支持这个看法，并以"宽模式"和"严模式"来加以区分。吴勇毅（2014）和吴中伟（2016）则持相反的观点，他们认为教学管理问题涉及的都是教学模式创建的外部条件，教学模式的创建固然需要外部保障，但依然需要从教学出发。

由于教学对象的限制（年龄小、自控力差、学习动机不强）、教学目标的要求（短时间、高标准）等原因，构建预科教育模式，必须对教学管理提出较高的要求。中国政府奖学金预科生培养院校不约而同地把管理提高到保证教学质量的高度，例如出勤情况，缺勤超过 60 节就给予处分。由于预科教育的特殊性，预科教育将管理作为模式建构的重要因素在所难免。

1.4 教学评价

教学的有效性要靠科学的检测来衡量。常规教学多以课程考试来评价学生的学习情况，预科教育则注重整个学习过程中学生的发展，且结业时采用严格的、标准化的测试结果来检验其教学效果。预科的结业考试跟雅思（IELTS）、托福（TOEFL）、学术能力评估测试（SAT）、美国大学入学考试（ACT）等海外标准化考试一样，也具有选拔与淘汰的功能。中国政府奖学金本科来华留学生预科统一结业考试①正在朝着相同的目标努力，试图以奖学金生预科教育为试点，探索符合中国国情和汉语特点的大学入学资格考试模式。另外，测试作为预科教育模式的重要因素之一，还在于它对教学具有反拨作用。

基于以上分析，我们把教学目标、教学实践、教学管理和教学评价作为构建预科教育模式的关键因素。下面从这四个方面对当前北语预科教育模式进行简单的描述。

二、北语汉语预科教学模式的核心内容

2014 年 3 月北语成立预科教育学院，标志着北语的汉语预科教育进入了一个新的阶段。学院一方面继承北语的教学传统，一方面积极理解和适应新时期汉语教学的特点与任务，经过四年多的实践探索，初步构建了一个相对稳定的预科教育模式。该模式从理论认识、教学实践、教学管理与教学评价等多方面进行探索，力图解决预科教育从顶端设计到底端操作的各种问题：在宏观层面，通过构建理论认识体系，明确预科教育的目标，解决预科教育培养什么人的问题；在中观层面，通过构建预科教育体系、编写大纲、设计课程、编写教材、探索教法，解决如何培养人的问题；在微观层面，通过构建独具特色的预科评价体系，准确评价学生，解决质量保障、培养效果等问题。

下面简要介绍构成北语预科教育模式的四个关键因素的具体内容。

---

① 由国家留学基金委员会指导、北京语言大学汉语考试与教育测量研究所研发并实施的一项面向全国中国政府奖学金预科生的统一考试。

2.1 教学目标

预科教育针对零起点或有一定汉语基础的来华留学生进行基础汉语知识和技能教学的同时，必须补充必要的专业基础知识和基本的数理化知识。在这个意义上，预科教育就是把汉语作为一种工具来教授的特殊教学门类。因此，预科教育的培养目标不仅是语言交际能力的培养，更是相关专业知识与学习能力的传授与培养。当前，中国将预科生所选专业划分为理工、医学、经贸、大文科四大类别，相应地，预科教育设计了科技汉语、医学（中医、西医）汉语、经贸汉语、大文科汉语课程，另外还开设高中数、理、化课程。全国预科生综合统一结业考试中有三分之一的内容涉及与专业相关的知识或话题，另有数、理、化三科的考试。

历史上针对预科生入系后的情况曾做过三次调研（李培元，1987；钟榱，1985；高彦德等，1993）：前两次调研反映出预科生在听、读方面的困难最大。而高彦德等（1993）所做的较大规模的调查表明，预科生入系后在听、说、读、写方面均存在困难。基于此，为最大限度满足预科生未来与中国学生同堂上课的需要，预科教育对技能目标进行了系统化和阶段化的设定：总体方针是听、说、读、写全面发展，听、说打头，读、写跟上。在教学的第一阶段，重点是夯实语言基础：语言知识方面，突出解决基础词汇和基础语法问题；语言技能方面，强化听和读的训练，兼顾说与写的训练。在教学的第二阶段，重点是通过专业汉语教学培养学生对书面语体所承载的专业知识的理解能力，继续强化使用汉语进行听、记、问的技能，强化专业学习技能和应试技能。

2.2 教学实践

在教学中，预科教育具有工具性、密集型、高强度、补习式、应试性的"预科性"教学特点。工具性体现为知识的学习必须转化为解决问题的技能；密集型体现为课时量大，周课时达到30～36节；高强度体现为在教学第一阶段结束时就必须完成大纲规定的基础汉语字（600 字）、词（1600 词）及语法点等学习任务；补习式体现为经常性的查漏补缺；应试性体现为熟悉考试题型、进行简单的应试技巧训练。这些特点贯穿在教与学的各个方面，以下主要从课程设置、教学方法和教材资源三个方面概括说明。

（1）课程设置

北语预科教育设置了基础汉语类课程、专业汉语类课程、汉语水平考试（HSK）应试类课程、通识与文化类课程、语言实践类课程、课下延伸类课程六大系列课程，各类课程均按照强化教学的要求进行。实行大班教学、小班补习、个别指导、整班自习等多样化的排课模式。

（2）教学方法

重视学生自主学习能力的培养，强调预习、先做练习，然后在课堂实现一定程度的翻转，比如强调学生课上记笔记，方便课下复习；强调学生解决问题能力的培养，比如语言要素的学习均要求落实到产出上，知识点要求学生能理解并阐述出来；重视知识和能力的综合性、系统化，在教学中不断要求学生将知识点贯通起来，进行综合性的产出。这些做法都是由预科的特殊性所决定的，体现出预科教育高度的计划性和严格的执行程度。

（3）教材资源

北语预科教学使用的教材既包括正式出版物，也包括大量自编教材和辅助材料。基础汉语教学主要使用正式出版物，比如《汉语十日通》（杨惠元，2008—2010）、《HSK 标准教程》（姜丽萍，2014—2017）、《汉语听力速成》（毛悦，2010—2011）、《体验汉字》（田艳、邓秀均，2009—2010）等。专业汉语使用我们编写的《大文科专业汉语 综合教程》（翟艳，2017）与《大文科专业汉语 听说教程》（张军，2017）。专业汉语教材内容涉及 6 大学科门类的 18 个二级学科，如汉语言文字学、新闻学、法学、国际政治、国际关系、艺术学等，从通识教育与人文教育的角度介绍专业基本知识和概念、学习专业词汇。教材在指导思想上注重培养学生的专业学习能力，让学生适应以教师讲授和专业文本阅读为主要方式的专业课堂教学，锻炼学生的批判性思维能力等。我们还开设了数学课，用汉语来讲授数学知识。特设的课程主要使用自编讲义或材料。

2.3 教学管理

管理是教学模式运行的保障，也是教学质量的保障。预科教育高度重视教学管理在模式中的作用，通过宽严有度的管理，来强化学生的学习动机，使其树立良好的学习态度，提高学习成绩。具体从以下三方面进行管理。

（1）实行多元化的学生管理制度

承担管理职责的人员不仅有院领导、留学生管理人员，还有所有教师，包括班主任和任课教师。这些人员形成了多层次的、相互配合的动态管理体系。院领导统筹管理工作，并指导制定相关管理制度；留学生管理员主要负责学生出勤、谈话与奖惩；教师主要负责课堂纪律，有权要求不完成作业、不尊重教师、扰乱课堂秩序的学生去留学生管理办公室听候处理，并提出处理意见。有人将预科教育阶段戏称为"高四"，预科在管理上确有类似特点。

（2）实施三级谈话制

针对不同的违纪违规情况，实施班主任、系主任、院领导的三级谈话制。阶梯式的谈话既能让学生明白道理，更能增加管理的威慑力。在与学生谈话方面，班主任起到重要作用，能及时发现学生的困难和问题，并给予帮助。留学生管理人员每周统计考勤，定期张贴考勤记录，督促学生重视平时表现；与宿管频繁沟通，及时了解学生的作息，对学生晚上频繁喝酒等不良生活习惯及时予以教育。

（3）创立互助机制

创立中外学生互助机制，比如北京市青年志愿服务项目，使大量的中国学生加入预科生的课外学习中，互动交流，共同学习。值得一提的是，中国学生勤奋好学，成为预科生学习的榜样。通过教书育人、法律法规教育、谈心活动、奖励处分、陪伴学习等方式，对预科生既严格要求、有序管理，又悉心照顾、帮扶，预科教育的管理实现从"教学"到"教育"的转化，帮助预科生形成正确的价值观、学习观、生活观。

2.4 教学评价

预科教育实行全面、客观、科学的评价，建立关注全程的形成性评价体系，全方位评判学生的学习能力和学习结果。具体做法如下。

（1）更为合理的分班测试

在开始教学前对学生的已有水平进行测试，以确定教学的起点和教学的重点。除此以外，在传统口试、笔试分班的基础上，参考现代语言学能测试的基本框架，研发了零起点汉语学习者学能测试试卷，为预测学习者语言学习潜能、分层教学提供了依据。实践证明，测试对学生的学业具有较好的预测性。

（2）学习过程中的及时反馈

依据学生课堂听写、完成作业的情况，以及周测、月考和期末考试等表现，分析成绩，梳理问题。在课外实施一对一辅导、小班补课等。教师还会对学生进行一些学习策略的指导，例如教会学生使用错题本，记录和分析每次考试中的错误，整合知识。

（3）参加统一标准化考试

以预科教育统一结业考试作为最后的考核标准，如同用同一把尺子来衡量全国预科教学的质量和学生水平，使一学年教和学的效果得到比较可靠的检验。

三、结语

随着来华留学潮的到来，汉语预科教育在未来将变得越来越重要。2017年共有 48.92 万名外国留学生在我国高等院校学习，其中学历生 24.15 万人①。据此推算，各类预科生也为数不少。预科生的规模在快速增长，国家对教学质量的要求也越来越高。北语预科教育学院在实践中积极探索，努力构建新时期汉语预科教育的教学模式，以适应汉语预科教育的发展需要。

参考文献

崔永华 2018 北语模式漫议——主持人语，《国际汉语教学研究》第 1 期。

高彦德、李国强、郭 旭 1993《外国人学习与使用汉语情况调查研究报告》，北京：北京语言学院出版社。

汲传波 2014 再论对外汉语教学模式的构建，《华文教学与研究》第 2 期。

李培元 1988 五六十年代对外汉语教学的主要特点，《第二届国际汉语教学讨论会论文选》，北京：北京语言学院出版社。

刘颂浩 2014 中国对外汉语教学模式的创建问题，《华文教学与研究》第 2 期。

鲁健骥 2016 关于对外汉语教学模式的对话，《华文教学与研究》第 1 期。

吴勇毅 2014 关于汉语教学模式创建之管见，《华文教学与研究》第 2 期。

吴勇毅 2017 关于汉语教学模式的研究（2005—2016），《汉语与汉语教学研究》第 8 号，东京：东方书店。

吴中伟 2016 汉语教学模式的集成、创新和优化，《华文教学与研究》第 1 期。

---

① 参见教育部官网《规模持续扩大 生源结构不断优化 吸引力不断增强 来华留学工作向高层次高质量发展》，http://www.moe.gov.cn/jyb_xwfb/gzdt_gzdt/s5987/201803/t20180329_331772.html。

翟　艳 2016 试论汉语预科教育的目标,《来华留学生预科教育标准与测试研
　　究》,北京:北京大学出版社。

赵金铭 2017 汉语预备教育再认识,《来华留学生预科教育研究论丛》,北京:
　　北京语言大学出版社。

钟　榢 1985 十五年汉语教学总结,《对外汉语教学论集(1979—1984)》,
　　北京:北京语言学院出版社。

预科汉语测试设计与开发

来华留学预科汉语考试命题调查研究 *

赵琪凤

北京语言大学

摘　要　预科汉语考试的命题质量，是该考试可靠性和有效性的重要保障。本文从命题员实际命题操作的角度出发，对预科汉语考试命题进行了调查研究。调查结果显示，预科考试命题员随着预科教学时间的增长，参与命题次数的增加，命题素养得到不断提升。同时，命题员也在有意识地反思和调整对命题技术的把握和运用。调查分析和访谈结果证明，专项的命题培训、严格的题目审改制度，以及命题员严谨的态度和不懈的努力，是确保多年来预科汉语考试题目高质量的重要条件。

关键词　预科汉语考试；命题；效度

一、研究缘起

1.1 命题研究的重要性

命题是保证考试质量的一个重要环节。一项考试的研发理念，以及高效可靠地测量考生水平的测试目的，最终都要依靠一道道高质量的测验题目

---

*　本文曾发表于《语言教学与研究》2021年第2期，本次收录时做了必要的修改和补充。

来落实和实现。当前国际著名的预科考试——对外德语测试（TestDaf[①]）已有近 20 年的实施经验，研究者始终强调针对 TestDaf 的命题研究（Norris & Drackert，2018）。相比国外已渐全面的预科考试研究成果，我国预科汉语考试的命题研究尚属空白，然而围绕预科汉语考试的命题研究与探索，无疑是确保该考试的可靠性和有效性的重要举措。

1.2 预科汉语考试的命题特点

预科结业（本科入系）汉语考试是一项专门用途测试（王佶旻，2015）。与普通留学语言考试相比，预科汉语考试在研发理念上具有鲜明的针对性，即考试研发需要针对特定的高校、专业和生源。因此，当前我国正在实施的中国政府奖学金生"预科汉语综合统一考试"[②]体系（以下简称"预科汉语考试"）中包含文科、理工、经贸、医学（西医）、中医五个类别。在测试内容上，该汉语考试具有融合性特征，它将通用汉语和专业汉语融入一份试卷中同时考察，以实现对预科生语言基础知识、汉语日常交际能力以及专业领域汉语运用能力的综合测评（王佶旻等，2016）。

除了具有强针对性的设计理念，预科汉语考试的考生群体同样呈现出鲜明特色。当前中国政府奖学金预科生绝大多数来自亚非拉美经济欠发达国家，学生年龄小、阅历浅，来华前所接受的基础教育水平较低（曹慧，2013）。

由此可见，预科汉语考试的命题工作既要遵循通用汉语考试命题的普适性，同时又要兼顾专业领域命题的针对性和预科考生群体的特殊性，在命题范围、内容及难度控制、命题技术等方面都有了新的要求，是一项较为复杂

---

① TestDaf 考试，即以德语作为外语的语言水平考试，其目的是测试考生的德语语言水平，以确定德语作为外语的学生其德语水平是否适合或者足以在德国大学学习，因此被称为"德国大学入学语言水平测试"。
② 该考试由北京语言大学国际学生教育政策与评价研究院负责研发与实施。此项考试于2016 年由教育部国际交流与合作司正式确立为衡量中国政府奖学金生预科结业水平的唯一标准。

的系统工程，具有一定的难度，同时也极具研究价值。

为保证试题质量，确保考试的科学有效，多年来，预科汉语考试命题队伍相对稳定，原则上由相对固定的命题员和审题员组成。命题员在命题前必须参加专门的预科命题培训会，在接受命题培训和强化命题原则后，方才着手命题。每一次命题都会有专门的审题员进行审题、修改题目甚至删减和更换题目，确保试卷题目的高质量。同时，命题员也在命题、改题的反复打磨中得到启发和成长。

1.3 研究优势及现实意义

本研究聚焦于预科汉语考试命题的调查研究，将充分利用预科汉语考试命题员群体的特殊性，即相对固定的命题员队伍是开展命题研究的首要前提和重要依据，因此在具体实施上具备一定的研究优势。在此基础上，本研究具有如下两方面的现实意义：（1）在研究视角方面，当前测试学界关于命题方面的研究主要关注于命题语料的选取与试题编写的原则（黄理兵、郭树军，2008；王佶旻，2012），偏重题目本身。对于命题工作的主体，命题员的命题过程及反馈，尚无专项研究。本文将从命题员实际命题操作的角度出发，分析命题员在命题过程中的体会与反馈，探究命题质量的影响因素，提高预科汉语考试的有效性。（2）在研究方法上，目前国内汉语考试的命题研究缺乏定量的实证调查，前人研究主要关注于命题的理论层面，目的在于指导命题员科学命题。在实际命题中命题员的具体执行情况，缺少调查与统计分析。本研究尝试从定量的角度，通过问卷形式调查命题员的命题现状，以实现命题研究方法上的量化分析。同时，辅以访谈深入了解命题员的命题困惑与培训需求。

二、研究设计

2.1 研究目的

本文旨在对来华留学预科汉语考试命题进行调查研究，以期实现以下两方面的研究目的。

（1）全面了解当前预科汉语考试命题员队伍的基本情况，挖掘命题员在命题中普遍存在的困惑和典型问题，尝试分析原因，为今后预科考试命题培训提供重要信息，提高命题培训的效果。

（2）尝试挖掘制约命题员命题质量的因素（如教龄、所教专业、个人专业背景、命题经验等），深入分析命题质量的形成机制与制约条件，为预科考试命题研发机构提高命题质量提供可操作性建议和意见。

基于以上考虑，本研究设计了调查问卷，请参与预科专业汉语试题命制的命题员[①] 作答。

2.2 调查工具

命题研究属于教师测评素养的一部分（林敦来、武尊民，2014；王池富，2014；吕生禄，2019）。学界普遍认为，命题过程是一个综合了知识、经验、技术与实践的集合体。

在对现有文献的学习整理基础上（黄理兵、郭树军，2008；黄晓玉，2009），笔者结合多年来参与预科汉语考试命题和审题的经验，编制了《预科汉语考试命题员调查问卷》初稿，重点对"命题基础""命题理念""命题技术运用""命题实践"四个维度进行调查。研究初期，我们咨询了两位预科汉语审题专家，并请五位预科汉语考试命题员进行了问卷试做，随后对该问卷进

[①] 由于本研究的调查对象——预科汉语教师，参与的命题任务为专业汉语试题命制，因此下文中提及的命题任务均指专业汉语命题，命题内容范围为相关专业（文科、理工、经贸、医学、中医）的基础性内容和话题，专业汉语命题题型包括听讲话、选词填空、句子匹配、阅读理解。

行了修改和调整，将问卷中"命题技术运用"维度下的二级指标进行了更为详细的划分，提炼出命题员在具体命题实践中所面临的最具代表性的问题。

最终，问卷中四个调查维度明确为：命题技术运用维度是指命题员实际命题中所需要掌握和使用的技术，是预科考试命题中体现得最为直观的维度。命题基础、命题理念、命题实践都是命题员正确运用命题技术的基础和前提，同时，命题员根据在实际命题中的体会和反思，又将促进其对命题基础的学习、命题理念的把握，增加命题实践的机会。因此，命题调查的四个维度之间互相影响、相互促进，共同作用于命题员的命题质量研究。

调查问卷的内容共由五部分组成，全卷共计 35 道题目。其中题目 1～7 是背景信息收集，调查命题员的基本信息；题目 8～12 调查命题员命题素养基础，内容包括参阅测试教材、参与测试项目、了解题目质量指标等命题技术基础；题目 13～16 是为了明确"测什么"的问题，主要内容包括预科命题理念掌握情况（专业汉语命题理念、个别特色题型命题原则等）；题目 17～22 是为了了解命题员的命题熟练程度，调查内容涉及命题实践情况（参与命题的类别、频率等）；题目 23～35 是为了明确"怎么测"和"怎么命题"的问题，主要调查内容为命题技术运用情况。其中 1～7 题是填空题，8～35 题则要求被试根据自己的程度在李克特 5 度量表上进行打分。

2.3 调查对象

本次调查共回收了 35 名预科考试命题员的问卷，35 份问卷均有效。调查对象来自全国 15 所预科教育培养院校（其中老预科院校命题员 26 名，2019 年新增预科院校命题员 9 名 [①]）。命题员基本信息统计如表 1 所示。

[①] 之所以单独区分，是考虑到 2019 年新增预科院校的命题员从未参加过预科考试命题培训，也从未辅导过学生参加预科汉语考试。从预科命题熟悉度上来看，新增院校命题员与老院校命题员存在差异，故分别交代。

表1　调查对象基本信息

变量	分类	人数	百分比
性别	男	11	31%
	女	24	69%
预科教学教龄	不足1年	1	3%
	1～5年	16	46%
	6～17年	18	51%
个人专业背景	汉语国际教育	18	51%
	语言学及其他①	17	49%
所教专业课程	文科汉语	14	40%
	理工汉语	9	26%
	经贸汉语	8	24%
	医学汉语	2	5%
	中医汉语	2	5%
参加命题次数	1～3次	26	74%
	4～7次	9	26%
是否为优秀命题员②	是	4	88%
	否	31	12%

---

① 其他专业主要指古代文学、国际贸易、文字学、比较文学四个专业，共4位老师，而且这4位老师的预科教学教龄均为5年以上。
② 优秀命题员的评选标准是，连续3年参与命题且每年都有题目入选正式考试试卷，考试后题目分析质量合格。每个专业科目中入选合格题目数量最多的命题员被评定为优秀命题员。

三、分析及讨论

3.1 调查问卷质量检验

本研究首先对调查问卷的质量进行了检验,采用 Cronbach α 系数来表示整份问卷的可靠性程度,α 系数越大,说明测量的可靠性程度越高,测量误差越小。本研究使用的调查问卷内部一致性 α 系数值为 0.845,可靠性指标比较理想,说明问卷质量良好。

3.2 问卷作答结果统计

本研究对问卷的各个题目(不包含 1 ～ 7 题)以及四个维度分别进行了统计(详见表 2)。

表 2　调查问卷 28 道题目的作答平均数和标准差(N=35)

题号	平均数	标准差	题号	平均数	标准差	题号	平均数	标准差
8	3	1.04	18	4	1.28	28	2	1.27
9	3	1.25	19	3	1.52	29	3	1.10
10	4	1.22	20	3	1.49	30	3	1.23
11	3	1.36	21	4	1.02	31	3	1.23
12	4	1.16	22	4	1.18	32	3	1.26
13	4	0.78	23	4	0.71	33	3	1.15
14	4	0.74	24	4	0.80	34	3	1.30
15	5	0.56	25	4	0.67	35	2	1.34
16	4	0.74	26	3	1.24			
17	4	0.98	27	2	1.33			

本研究的问卷调查中,8 ～ 22 题为正向计分,此部分分数越高且标准差越小,则说明命题员的命题素养越高,23 ～ 35 题为反向计分,分数越低且

标准差越小，则说明命题员普遍认为自己的命题技术掌握得越好。从表 2 的
具体数据可知，受调查的命题员在命题理念（13 ～ 16 题）维度上作答比较
集中（平均分较高且标准差较小），命题员均表示能够较好地把握预科考试
的命题理念。其他三个调查维度，尤其是在命题技术运用维度上，命题员在
三道题目（23 ～ 25 题）上的作答比较一致（平均数为 4，标准差小于 0.8），
突出体现了命题员公认的命题技术难点。其他题目的作答平均分虽然较低，
但是存在标准差偏大的现象，说明命题员之间存在较大的感受差异，在自我
评估中并非所有命题员都认为自己能较好地运用命题技术。在命题基础的积
累和命题实践的经历方面，命题员也都存在因人而异的情况，需要我们通过
针对性的访谈和咨询，进一步分析和探究。

　　根据命题员在四个研究维度上的整体作答情况可知，维度一命题基础上
设计了 5 道题目（8 ～ 12 题），受调查的 35 位命题员在命题技术基础上作答
平均值为 16，中位数为 17，标准差为 4.23，反映出预科汉语命题员们在命题
基础积累方面各有侧重，存在差异。

　　正确理解预科汉语考试的命题理念，即命题员在多大程度上明确"预科
汉语考试测什么"，才能确保正确的命题方向，实现有效命题。关于维度二
命题理念，本次问卷设计了 4 道题目（13 ～ 16 题），这一环节关系到命题员
的实际命题质量。根据统计结果，命题理念掌握部分的平均值为 18，中位数
为 19，标准差 2.53，可见命题员对命题理念掌握情况的自我评价趋向一致。

　　维度三命题实践中包含了 6 道题目（17 ～ 22 题），根据统计结果，此部
分作答均值为 23，中位数为 23，标准差 5.30，说明在本次问卷的调查范围
内，绝大多数命题员都具有一定的命题实践经历和经验，只是存在程度和频
率上的不同。

　　题目的质量好坏，在很大程度上取决于命题技术（王佶旻，2012）。预
科命题员在具体命题过程中，需要掌握特定的命题技能和技巧，这些命题技

术在每一次的预科命题培训会上都会加以培训和强调。针对命题员在实际操作中的运用情况，即"怎么测""怎么命题"，问卷的维度四中设计了 13 道题目（23～35题）①，命题员对实际命题中掌握这些技能的难易度打分，此部分分数越高，说明命题员认为掌握这些命题技能越难。根据统计结果，此部分均值为 40，中位数为 37，标准差为 10.50，可见命题员们普遍认为掌握问卷中提到的 13 个命题技能略有难度，还需要进一步加强培训和学习。

3.3 影响因素分析

本研究尝试从性别、教龄、个人专业背景、所教预科专业、命题次数、是否为优秀命题员以及是否为新增院校教师②几个方面，探索影响预科汉语考试命题员命题素养的因素。单因素方差分析结果显示，除教师个人专业背景因素在命题技术运用维度上显示差异显著 $[F_{(1, 33)} = 11.356, p = 0.002 < 0.05]$ 外，其他考察因素均未对命题员的命题素养产生显著影响（$p >= 0.071$）。无独有偶，徐鹰等（2016）的调查研究结果同样显示，不同教龄、不同学生类别的大学英语教师在"测什么""怎么测""为什么这么测"三个维度上并没有显著差异。由此，本研究认为分析结果更加凸显了预科命题专项培训的重要性，经过命题培训的命题员在预科考试命题理念、命题技术等方面都得到了强化和训练，具备了一定的命题技术，不会因为教龄、经验、所教专业、是否为新增院校等因素严重影响命题质量。

相比其他专业，汉语国际教育专业的命题员认为命题技术较为容易掌握，详见表 3。从两类专业背景命题员的作答平均数可知，汉语国际教育专业命题员的教学知识积累和技能储备，在具体的命题过程中起到一定的积极

---

① 关于命题原则，多年来各方测试专家虽各有研究论述，但是总体原则与观点基本一致。本研究调查问题的设计参考了黄理兵老师在预科命题技术培训会上的要点，同时结合了作者自身命题、审题的体会。此外，黄晓玉（2009）综合前人研究总结的 23 条客观性试题的命题原则，为本研究提供了重要信息与参考依据。

② 是否为新增院校教师，意味着对预科教学和预科汉语考试的熟悉程度的不同。

作用。

表3　两类专业背景命题员在"命题技术运用"维度上的作答平均数

维度	专业背景	人数	平均数	最小值	最大值
命题技术运用	汉语国际教育	18	34.61	21	62
	其他	17	45.06	25	61

优秀命题员多次参与命题、改题的经历[1]使得他们对命题技术运用的自评更加保守。统计作答平均分显示，相比普通命题员，优秀命题员认为掌握好命题技术难度更大[2]。详见表4。

表4　是否为优秀命题员的作答统计

维度	是否优秀	人数	平均数	最小值	最大值
命题基础	否	31	15.87	5	23
	是	4	18.75	13	22
命题理念	否	31	17.97	10	20
	是	4	19.50	18	20
命题实践	否	31	21.87	12	29
	是	4	27.75	22	30
命题技术	否	31	38.52	21	62
	是	4	48.75	37	57

3.4 小结

在命题技术运用维度上，命题员的作答统计显示，越是参与命题次数多、相对有经验的命题员，对命题技术运用的自我评价越谨慎。这一方面说

---

① 根据统计，4名优秀题员均参与过4次以上预科命题工作。
② 需要说明的是，4位优秀命题员制的试题都经过审题专家的审核，属于高质量题目被运用到正式考试试卷中，这些题目经过考后数据分析，显示题目质量良好。

明命题员在命制预科专业汉语试题时，经过审题、修改甚至重出题目的历练，越发体会到预科命题的特点和难点，对命题技术有了更多的体验和反思，增加了对自我命题的监控。另一方面也说明命题技术的掌握和提高需要经历长期、持续、反复实践的过程。这也同时提示我们，对于命题员命题技术运用情况的调查，不仅要从命题员个人感受的自评角度考查，还要从数据分析的实证角度进一步考查①，必要时需配以深入访谈。

虽然统计结果显示，汉语国际教育专业背景的命题员普遍认为命题技术更易掌握，但是受到预科不同专业特点的影响，即便是汉语国际教育背景的优秀命题员同样也会认为命题技术运用中的一些技术难以掌握，例如西医汉语和中医汉语②的命题员，普遍认为命题技术掌握难度较大。由此可见，预科教学不同专业方向的教学内容和教学体验，以及学生的掌握程度，都有可能对命题员的技术掌握自评带来压力。

3.5 命题员访谈调查结果

3.5.1 问题与访谈设计

综合上述问卷分析和影响因素探索结果，我们发现，命题员在命题技术运用维度上的二级指标作答存在明显差异；与普通命题员相比，优秀命题员认为命题技术更难掌握；在影响因素探究方面，预科生群体的特殊性、预科教学专业的多样性是否会对命题技术的运用产生影响，这些问题都需要通过访谈进一步探究。

为此，本研究根据回收的问卷作答结果，将命题员作答差异明显的题目归纳为命题语言材料（语料）的选取（语料用途、语料细节等）、编写问

---

① 从历年预科考试题目质量分析数据可以看到，预科专业汉语试题的题目合格率逐年上升，专业汉语试题的难度、区分度、测量一致性指标均处于理想水平。实考数据也再次印证了问卷调查结果显示的命题次数对命题质量的积极促进作用。

② 中医汉语为 2019 年新增专业，命题员第一次接触预科考试命题，在此不做讨论。

题时出题点的设计（提问角度、方式、句式等）、多项选择题中选项的编写（词汇难度、语法结构、逻辑关系等）三个方面。在此分类的基础上编写了进一步调查的访谈提纲，对9名命题员①进行了第二次的追踪访谈。

3.5.2 访谈结果

通过访谈我们得到了进一步的调查信息，结论如下：

（1）关于命题员在问卷中一致反映的语料搜集难度大的问题，在访谈中我们深入了解到，阅读理解语料被认为搜集难度最大，其次难度由高到低为听力理解、句子匹配、选词填空语料的搜集。值得注意的是，新任命题员通常只参与了"句子匹配"或"选词填空"题型的命题，因此在命题技术应用维度的作答上不会出现偏难的反馈，而优秀命题员被要求参与"阅读理解""听力理解"等多题型的命题工作，他们需要综合多题型的命题体会作答，则更倾向于命题技术难以应用，由此造成了命题技术应用维度上一些二级指标的作答差异较大的现象，同时也解释了上文中出现的优秀命题员认为命题技术更难掌握的原因。

（2）受访的9名命题员均表示，每次命题前参加专项命题培训会，以及命题过程中得到的审题反馈和修改意见，对于命题技术的提高有很大的帮助作用。

（3）超过一半的受访命题员表示，在对命题技术应用难度进行自评时，会受到预科日常教学效果、学生接受程度等因素的影响。由此可以解释问卷作答中，某些类别的预科专业命题员会普遍认为命题技术掌握难度较大的原因。

综上所述，本研究调查的命题员在预科汉语命题基础的学习、命题理念的把握、命题实践方面是有积累的，能够比较合理地运用预科汉语考试命题技术，由此也印证了预科汉语考试命题的高标准和高质量。

---

① 9名访谈对象的选取综合考虑了作答情况、预科专业、命题次数、是否为优秀命题员等多方面因素。

3.6 预科汉语考试命题培训启示

对于任何一项考试，命题员都应该经过专门的培训才能实际参与命题，命题培训的内容和效果在很大程度上决定命题员的命题质量。本研究通过问卷调查和追踪访谈，明确了命题员普遍认为较难掌握的命题技术，并进一步访谈了命题员对具体命题技术的困惑，为今后开展具有较强针对性的命题培训提供参考信息。为此，本研究提出了对预科汉语考试命题培训的两点启示：

（1）继续加大对语料选择的技术培训与经验介绍

语料是开展命题的前提和依据（王佶旻，2012）。在预科专业汉语的命题任务中，听讲话和阅读理解题型都需要搜集合适的成段的听力和阅读语料，因此语料的质量非常重要，也是语料搜集的主要难点。根据命题员的作答和访谈反馈，接受访谈的 9 名命题员均认为找到"内容适合、难度适中"的语料比较难，其次"话题适宜""文字质量高"也被认为是较难实施的方面。根据访谈反馈，命题员普遍对语料的选择途径、语料的文字质量鉴别方法、语料内容的多层次特征辨别，以及语料的最佳用途（听力语料与阅读语料的区别特征）很感兴趣，并希望得到进一步的培训与指导。因此，语料选择的培训和技术交流，可以考虑作为今后命题培训会的专题培训内容，重点准备、深入研讨。

（2）加大命题员培养力度，增强"审—改"环节上的良性互动

多项选择题的编写是一项专门性的工作，需要学习相关的命题原则和技术。关于语言测试中多项选择题的命题技术已有探讨和阐述（黄理兵、郭树军，2008；王佶旻，2012），但是具体到命题员的实际命题训练和实践，除了学习和借鉴前人的经验，还需要切实的指导和反复的打磨。

根据命题员的访谈反馈，在具体的题干编写方面，受访的 9 名命题员均认为"提问角度"最难掌握，其次对"提问方式""提问内容"的运用也都存

在困难。在选项编写方面，"词汇难度控制""语法结构""干扰项的设置"等被认为是命题员具体命题中的难点所在。这些问题的反馈和明确，将为命题培训会和审题改题环节提供更为清晰的方向。命题培训会不仅要培训命题员相关技术和要领，还要持续追踪命题员的实际命题质量，经过审题、批注修改意见、命题员改题或者重新命题、审题员继续审题的良性互动，命题员才能在"实战"中深入体会命题要点和题目编写技术，在反复几轮的"审 - 改"环节后，命题员将全面提升命题质量，快速成长起来。当然，此项工作的开展加大了审题人员的工作量，也延长了命题工作周期，审题人员的培养和成长同样需要这一类似的指导环节和长期的积累学习。

3.7 预科汉语考试命题质量的提升措施

提高命题培训的质量和效果，是考试研发机构的重点工作之一。除此之外，在命题质量总体提升方面，综合前人论述与本研究的实证调查，本文提出以下三项改进建议：

（1）突出"效度先行"原则

在命题工作中，命题员首先要熟悉某项考试的内容规范。内容规范就是关于某项考试考什么、怎么考的纲领性文件，也是建立考试的构想效度的重要基础。它对考试的目的、用途、性质、选材、内容、方法、试卷结构、时间长度、考生对象、分数体系等都有严格的规定（Alderson et al.，1995）。这里所说的"内容规范"，既包含了本研究调查的命题理念，也包含了命题技术运用。显然，题目的具体命制直接影响到测验的有效性，因此在命题过程中要始终考虑题目是否考查了想要考查的东西（王佶旻，2012），这不仅关乎命题技术的运用，而且也关系到测验的效度问题。"效度先行"原则的实施启发我们需要在命题理念、命题技术运用两个维度上加强培训。

（2）重视用户需求

称职的命题员不仅要具备丰富的教学经验和文化背景知识，还要深知学生学习中的困难所在，要有非凡的洞察能力（Alderson et al.，1995）。学生、教师、学校等都是考试"产品"的服务对象，因此预科考试命题工作需要重视各方需求（Norris & Drackert，2018）。德国 TestDaf 近几年也面向大学新生开展了学生需求调查，了解试卷设计的任务类型是否能够代表国际学生进入德国大学环境中所真正面临的语言需求。结果显示，学生们普遍认为进入德国大学的第一年中面临的最具挑战性的难题就是交际任务。这一调查结果为TestDaf 进一步改革和完善命题提供了重要信息和依据。考试研发部门可以考虑在组织命题前向各方开展调查，了解学生、教师等用户的现实情况和需求。在考试结束后组织考生立即参与问卷调查，了解考生对作答试卷的感受和体验，多角度搜集数据信息和意见反馈，为改进命题质量提供参考。

（3）引入评估机制

语言测试是一种特殊的测量工具，只有满足一定科学要求的语言测试才能为社会提供积极的反馈（柴省三，2018）。预科汉语考试命题作为预科结业考核的载体与标尺，命题质量是确保考试测量和选拔功能的基础。因此，建立考试的监控体系，特别是汉语测试的质量监控工作势在必行（柴省三，2018）。对试卷命题质量的评价，可以采取第三方评估的形式，从更为丰富的视角对试题进行教育学、测量学、统计学等方面的分析（周宏锐，2019），完善已有的涵盖命题全过程的预科汉语考试质量评估体系，为命题管理部门提供反馈与启示，进而提高命题工作的质量。

四、结语

命题是一门科学，需要通过深入研究提高命题员的命题素养。命题同时是一门艺术，需要对学科、学生、学习目标有透彻的理解（陈光伟，2015）。

本研究对来华留学预科汉语考试命题的调查结果显示，预科考试命题员随着教学时间的增长，参与命题工作的增加，命题素养不断提升。同时，命题员也在有意识地反思和调整对命题技术的把握和运用。总之，考试工作是一项专业性很强的工作。考试命题人员的培养过程不仅漫长，而且需要养成跨学科基础等非学术方面的素质（杨志明等，2020）。

参考文献

曹　慧 2013 在顺应与持守之间——关于预科课程设置的思考与实践，载许涓、李海燕主编《同济·留学生 预科教育研究论丛（第2期）》，上海：同济大学出版社。

柴省三 2018《第二语言测试问题研究》，北京：对外经济贸易大学出版社。

陈光伟 2015 广西高中英语教师学业成就考试命题素养的调查研究，《广西师范学院学报（哲学社会科学版）》第5期。

黄理兵、郭树军 2008 HSK阅读理解试题的语料和命题，《世界汉语教学》第2期。

黄晓玉 2009 学习命题技巧，提高命题质量——一次出版教辅书客观题命题质量的抽样调查，《语言学刊·外语教育教学》第9期。

林敦来、武尊民 2014 国外语言评价素养研究的最新进展，《现代外语》第5期。

吕生禄 2019 教师测评素养国内研究现状与前景展望，《中国考试》第6期。

王池富 2014 基于现代教育测量理论的大规模教育考试命题原则研究，《基础教育参考》第22期。

王佶旻 2012 汉语测验中多项选择题的命题技术探究，《中国考试》第5期。

王佶旻 2015 建立来华留学生预科教育标准体系的构想，《国际汉语教学研究》第1期。

王佶旻、黄理兵、郭树军 2016 来华留学预科教育"汉语综合统一考试"的总体设计与质量分析,《语言教学与研究》第 2 期。

徐　鹰、韩　苏、陈　芸 2016 大学英语教师语言评估素养调查报告,《中国外语教育》第 4 期。

杨志明、杨笑颖、孔淑仪 2020 国外考试机构关键岗位的素质要求及其对我国考试行业专业化建设的启示,《教育测量与评价》第 2 期。

周宏锐 2019 核心素养导向下初中学业水平考试命题质量管理体系的构建策略研究,《教育探索》第 5 期。

Alderson, J Charles, Caroline Clapham & Dianne Wall 1995 *Language Test Construction and Evaluation*. Cambridge: Cambridge University Press.

Norris, John & Drackert Anastasia 2018 Test review: TestDaF. *Language Testing* 35(1): 149-157.

来华留学预科汉语考试能力维度探析*

——基于因素分析和项目反应理论

潘　浩　柴省三

北京语言大学

摘　要　为考查预科汉语考试能力结构，为其测验开发、题库建设提供有益参考，本文运用因素分析法和项目反应理论对预科汉语考试的潜在能力维度进行探索性实证研究。研究结果显示：二维度能力模型是预科汉语考试的最优匹配模型；针对不同学科的汉语考试考查的能力维度存在差异，理工类和医学类试卷的能力结构更符合预科汉语考试的设计目标。

关键词　预科汉语考试；汉语水平测试；效度验证；项目反应理论；因素分析

中国政府奖学金本科来华留学生预科教育结业汉语综合统一考试（以下简称"预科汉语考试"）是教育部国际交流与合作司、国家留学基金管理委员会委托北京语言大学国际学生教育政策与评价研究院开发的标准化汉语测评体系。该考试包括基础汉语和专业汉语2个部分，与国内其他汉语水平测验不同，其能力结构更为复杂，是语言与专业、知识与能力的统一体（王佶旻等，2016）。预科汉语考试成绩是评价来华留学生是否达到预科教育结业标准以及是否基本满足中国大学本科专业学习要求的重要依据，对测验的参与者和使用者而言具有高利害性，因此，针对测验结果是否支持测验预期

---

* 本文曾发表于《中国考试》2020 年第 12 期，本次收录做了必要的修改和补充。

使用的效度验证十分必要。在效度验证过程中，首先要解决的是构想效度（construct validity）问题，即测验在何种程度上测到预期测量的知识、能力或特质。目前针对预科汉语考试构想效度的实证性研究尚属空白，测验的能力结构是否符合开发者的预期仍有待验证。

针对汉语水平测验进行构想效度研究的方法主要有内部结构效度法（郭树军，1995；黄霆玮，2011）、因素分析法（张凯，1992；赵琪凤，2008；李桂梅，2009；黄春霞，2011；李慧，2011；龚君冉，2012）、聚类分析法（柴省三，2011，2012），以及利用多维项目反应理论（Multidimensional Item Response Theory，MIRT）（张军，2011）进行的测验能力维度的分析。本研究借鉴已有研究方法，以预科汉语考试的实测数据为基础，从测验能力结构验证的角度出发，同时运用因素分析法和项目反应理论（IRT），针对预科汉语考试的能力维度进行考查，以期为预科汉语考试的测验开发、题库建设等提供参考意见。

一、研究对象

预科汉语考试分为经贸、理工、文科、医学 4 个考试版本，每个版本均由基础汉语和专业汉语 2 类试题构成。4 个版本的试卷由相同的 81 道基础汉语试题和各自不同的 40 道专业汉语试题组成，题型涵盖听力理解、综合阅读和书面表达 3 部分。试卷结构见表 1。本研究仅针对 1 ～ 120 题构成的客观卷进行分析，每题均为 0/1 计分，原始分共计 120 分。

表 1　预科汉语考试试卷结构

试卷构成	题型代码	题型	题号	考查类别
听力理解	L1	听句子	1 ～ 10	基础汉语
	L2	听短对话	11 ～ 25	基础汉语
	L3	听长对话	26 ～ 35	基础汉语
	L4	听讲话	36 ～ 45	专业汉语

（续表）

试卷构成	题型代码	题型	题号	考查类别
综合阅读	R1	理解词语	46～55	基础汉语
	R2	完成句子	56～65	基础汉语
	R3	选词填空	66～75	专业汉语
	R4	句子匹配	76～85	专业汉语
	R5	理解短文Ⅰ	86～100	基础汉语
	R6	理解短文Ⅱ	101～106	专业汉语
	R7	读后填空	107～110	专业汉语
书面表达	W1	写汉字	111～120	基础汉语
	W2	作文	121	基础汉语

本研究的数据来源于 2019 年 6 月在国内 10 所预科教育院校参加上述 4 个版本预科汉语考试的 2560 名考生的实测数据，各版本的考生样本结构见表 2。4 个版本考试的 α 信度系数均在 0.9 以上，测量结果受随机误差的影响较小，考试结果具有较高的可信度。

表 2　样本结构与分数统计量

试卷代码	样本结构				分数统计量			
	男	女	样本量	国别数	平均分	全距	标准差	α 系数
01J	315	281	596	98	96.02	85	14.199	0.914
01L	886	287	1173	107	89.12	94	18.581	0.936
01W	208	196	404	94	94.65	82	16.167	0.927
01Y	187	200	387	75	86.04	92	19.913	0.947

注：01J、01L、01W、01Y 分别代表适用于经贸、理工、文科、医学的试卷。

二、研究方法

本研究首先进行探索性因素分析，然后分别运用单维 IRT 和多维 IRT 模型进行参数估计，并依据因素分析的因子结构和 IRT 模型拟合检验结果对预科汉语考试的能力维度进行分析。

2.1 因素分析

因素分析是将多个观测变量归结为少数几个抽象因子的一种多元统计分析方法，最早由英国心理学家查尔斯·斯皮尔曼（Charles Spearman）提出，用于研究不同科目考试成绩之间的关系。因素分析利用降维的思想，可以对多变量的平面数据进行最佳综合与简化，将关联比较紧密的变量归入同一因子，从而对原始观测变量的共同属性进行归纳性研究。本研究使用 SPSS22.0 统计软件，采用主成分法抽取公共因素，对预科汉语考试进行探索性因素分析。在分析过程中，为更清晰地考查各分测验在公共因素上的负荷，进行因素旋转。因素旋转分为正交旋转和斜交旋转 2 种，分别以各因素间相互独立和相互关联为前提假设。由于目前学界对语言能力的认识尚未达成一致，关于各因素之间是否属于相互独立关系的理论依据并不充分，因此本研究在因素旋转时采用 Promax 斜交旋转法抽取公共因素。

2.2 确定 IRT 模型

IRT 通过建立被试潜在特质对被试在某一项目上答对概率的回归曲线模拟二者之间的关系，以实现对能力参数和项目参数的估计。早期 IRT 以单维性为前提假设，即一个测验主要测量一种能力。随后发展起来的 MIRT 则以多维度心理机制为前提，通过引入各维度上的能力和项目参数，来表征被试与项目之间的交互作用（Reckase，1997）。本研究采用双参数逻辑斯蒂 UIRT（单维 IRT）模型和补偿性多维 MIRT 模型分别对 4 个版本的预科汉语考试进行参数估计。

UIRT 模型的数学表达式如下：

$$P(X_{ij} = 1|\theta_i, a_j, b_j) = \frac{exp[a_j (\theta_i - b_j)]}{1+ exp[a_j (\theta_i - b_j)]} \tag{1}$$

其中：P 是反应概率，X_{ij} 是被试 i 在题目 j 上的反应结果。X_{ij}=1 代表被试对题目的反应是正确的，X_{ij}=0 代表被试对题目的反应是错误的，θ_i 为被试 i 的能力参数，a_j 和 b_j 分别为项目 j 的区分度参数和难度参数。

补偿性 MIRT 模型的数学表达式如下：

$$P(X_{ij} = 1|\theta_i, a_j, b_j) = \frac{exp(\sum_{k=1}^{m} a_{jk}\theta_{ik}+b_j)}{1+ exp(\sum_{k=1} a_{jk}\theta_{ik}+b_j)} \tag{2}$$

补偿性 MIRT 模型的能力分布在多个维度上，维度数为 m。其中：θ_{ik} 为被试 i 在维度 k 上的能力参数，a_{jk} 为题目 j 在维度 k 上的区分度参数，b_j 为项目 j 的难度参数。

2.3 参数估计与拟合检验

本研究采用联合极大似然函数进行参数估计，用 Visual FoxPro9.0 软件编程实现。难度参数和能力参数的取值范围均设定为［-4，4］，区分度参数的取值范围设定为［-2，4］，数值越大，表示被试的能力值和题目的区分度越高。

检验测验所测量的能力结构是单一维度还是多个维度，可以通过模型的拟合程度进行判断（Embreton，2000）。本研究的拟合检验主要采用残差分析、卡方检验和相关分析 3 种方法。

三、研究结果

3.1 因素分析结果

试卷 01J、01L、01W 和 01Y 的 KMO 值（样本取样适当性指标）分别为 0.933、0.953、0.943 和 0.959，均大于 0.9，Bartlett 球形检验的显著性水平 p=0.000，表明研究的样本数据适合进行因素分析。

在第一次因素分析中，如果以特征值大于 1 为标准，那么试卷 01L 和 01Y 只能抽取 1 个公共因素，试卷 01J 和 01W 可以抽取 2 个公共因素。试卷 01J 所抽取的 2 个公共因素间的相关系数为 0.535，试卷 01W 所抽取的 2 个公共因素间的相关系数为 0.438。虽然所抽取的公共因素数量不同，但 4 份试卷公共因素最大特征值和次大特征值之比均大于 5，可以认为测验符合单维性假设 (漆书青等，2002)，即测验主要测量 1 种能力。然而，预科汉语考试预期测量的能力不止 1 种，因此采用斜交旋转法在 4 份试卷分别强制抽取 2 个和 3 个公共因素。旋转后的因子负荷矩阵可以显示分测验在公共因素上的负荷情况，见表 3。

结果显示，当抽取 2 个公共因素时，听力和阅读的大部分题型在因素 1 上有较高的负荷。综合阅读中比较特殊的是 R7（读后填空）这个题型，它在因素 2 上有高负荷，这说明 R7 可能测到了不同的能力。写汉字（W1）这个题型则不止在 1 个因素上有较高的负荷，试卷 01J 和 01W 的 W1 在因素 2 上负荷较高，而试卷 01L 和 01Y 的 W1 在因素 1 上负荷更高。由于 R7 和 W1 这 2 个题型中均包含汉字书写，因此试卷 01J 和 01W 中的因素 2 可能与书写有关。

表 3　在公共因素上负荷较高的分测验分布

试卷代码	二因子结构		三因子结构		
	1	2	1	2	3
01J	L1-L4, R1-R6	R7, W1	L1-L4, R5, R6	R1-R4	R7, W1
01L	L1-L4, R1-R5, W1	R6, R7	L1-L3, R1-R2, R5, W1	L4, R3-R4, R6	R7
01W	L1-L4, R1-R6	R7, W1	L1-L4, R1-R6	W1	R7
01Y	L1-L4, R1-R6, W1	R7	L2-L3, R1-R2, W1	L1, L4, R3-R6	R7

注：判定分测验归属于某一公共因素的标准为该分测验在这一公共因素上的负荷为几个公共因素中最高的，且负荷值大于 0.4。

当抽取 3 个公共因素时，4 份试卷的因子负荷情况呈现较大差异。试卷 01W 的结构和其二因子结构比较一致，听力和阅读的大部分题型在因素 1 上负荷较高，W1 在因素 2 上负荷较高，R7 在因素 3 上负荷较高。在试卷 01J 中，因素 1 上负荷较高的分测验多为考查理解能力的题型（L1 ～ L4、R5、R6），因素 2 上负荷较高的主要是考查词汇和语法的题型（R1 ～ R4），R7 和 W1 在因素 3 上负荷较高。试卷 01L 中因素 1、2、3 与基础汉语试题、专业汉语试题和 R7 分别对应，这与测验的预期构想最接近。虽然试卷 01Y 的部分题型不止在 1 个因素上有较高负荷（如 L1 在因素 1 和因素 2 上的负荷为 0.404 和 0.440），但总体结构基本符合基础汉语试题、专业汉语试题、R7 与因素 1、2、3 的对应关系。在三因子结构中，R7 基本上作为一个独立的因素存在，这说明 R7 所测量的能力比较特殊，有待于进一步探讨。

3.2 IRT 参数估计的拟合检验

由于第 1 次因素分析的结果显示测验符合单维性假设，同时基于对测验内容和测验题型分类的考虑，我们选取 UIRT 模型和二维、三维补偿性 MIRT 模型分别对 4 份试卷进行参数估计与检验。

3.2.1 残差检验

残差是一组被试所预期的题目反应成绩跟该组被试的实际成绩之差，由模型对被试答对题目的预测概率与被试的实际答对率之差计算所得。残差越大，说明模型预测的情况离实际越远，预测结果越不可靠（Hhmbleton，1991）。在进行残差分析时，首先要依据能力参数（二维、三维 MIRT 模型依据与总分相关最高的能力参数），在平衡各组数量的前提下将被试分为若干组，然后估计每组被试的答对率以及模型所预测的答对概率，最后计算残差并统计残差绝对值在特定区间的比率，结果见表 4。

从残差绝对值分布情况可以看出，大部分残差值集中在 0 ～ 0.2，3 个模型的总体拟合情况较好。UIRT 模型的残差值在 0 ～ 0.05、0.05 ～ 0.1、0.1 ～ 0.2 区间的分布比较均匀，MIRT 模型的小值残差（0 ～ 0.05）比率则明显高于UIRT模型，平均达到65%，说明MIRT模型的拟合效果更好。其中：试卷 01L 和 01Y 的三维 MIRT 模型拟合效果更好，试卷 01J 和 01W 的二维 MIRT 模型拟合效果更好。

表4 预科汉语考试 IRT 参数估计残差绝对值分布

试卷代码	模型	残差绝对值分布百分比 /%					
		0 ～ 0.05	0.05 ～ 0.1	0.1 ～ 0.2	0.2 ～ 0.3	0.3 ～ 0.4	0.4 ～ 0.5
01J	UIRT	24.33	33.83	39.33	2.50	0.00	0.00
	2MIRT	75.92	18.58	5.33	0.17	0.00	0.00
	3MIRT	41.42	22.92	25.00	5.33	3.50	1.83
01L	UIRT	26.17	34.67	38.33	0.83	0.00	0.00
	2MIRT	75.00	18.67	6.08	0.25	0.00	0.00
	3MIRT	76.17	18.92	4.58	0.33	0.00	0.00
01W	UIRT	29.08	31.83	36.67	2.42	0.00	0.00
	2MIRT	70.08	21.50	7.83	0.50	0.08	0.00
	3MIRT	65.58	22.75	10.67	1.00	0.00	0.00
01Y	UIRT	28.50	33.75	34.42	3.33	0.00	0.00
	2MIRT	57.17	24.50	15.17	3.08	0.08	0.00
	3MIRT	61.25	25.33	12.50	0.92	0.00	0.00

注：2MIRT 表示模型为二维的 MIRT 模型，3MIRT 表示模型为三维的 MIRT 模型。

3.2.2 卡方检验

卡方检验（χ^2）是假定所有模型的估计都正确时，对预测分数的分布与观察分数的实际分布是否一致进行比较和检验，它可以从整体上考查模型的拟合情况。

表 5 的 χ^2 检验结果显示，UIRT 模型的拟合效果欠佳，二维 MIRT 模型拟合效果最好。试卷 01L 和 01W 的三维 MIRT 模型拟合效果尚可，但不如二维 MIRT 模型的拟合效果好。

表 5　预科汉语考试 IRT 参数估计 χ^2 值

试卷代码	UIRT	二维 MIRT	三维 MIRT
01J	35.749（0.000）	0.775（1.000）	809.581（0.000）
01L	199.725（0.000）	6.806（0.657）	16.066（0.066）
01W	27.104（0.000）	0.884（1.000）	6.481（0.691）
01Y	65.403（0.000）	11.755（0.227）	161.704（0.000）

注：括号中数据为显著性 p 值。

3.2.3 题目参数分析

首先分别计算 4 份试卷的 CTT 难度和区分度（点双列相关）参数，然后对 IRT 与 CTT 题目参数进行相关分析，结果见表 6。

相关分析结果显示，IRT 和 CTT 题目参数之间的相关程度较高，其中难度参数的相关程度高于区分度参数。除试卷 01J 外，3 个维度的 IRT 和 CTT 难度参数相关程度基本上呈现出随维度数的增加而下降的趋势。区分度参数之间的相关情况比较复杂，除试卷 01J 外，与 CTT 区分度相关最高的 IRT 区分度参数均出现在 MIRT 模型中。MIRT 模型各维度区分度参数与 CTT 相关程度不一，个别维度上的相关程度较低或不显著（如试卷 01J 中的三维 a_2）。总体来看，4 份试卷中二维 MIRT 模型表现较好。

表6　预科汉语考试 IRT 题目参数与 CTT 题目参数相关系数

试卷代码	单维 b	二维 b	三维 b	单维 a	二维 a_1	二维 a_2	三维 a_1	三维 a_2	三维 a_3
01J	−0.850**	0.911**	0.666**	0.996**	0.538**	−0.428**	0.316**	−0.125	−0.344**
01L	−0.955**	0.868**	0.834**	0.419**	0.491**	−0.404**	0.175*	0.337**	−0.384**
01W	−0.942**	0.920**	0.790**	0.461**	0.680**	−0.307**	0.488**	−0.438**	−0.455**
01Y	−0.961**	0.638**	0.492**	0.594**	0.416**	−0.129*	−0.369**	0.637**	0.504**

注：① * 表示 $p<0.05$，** 表示 $p<0.01$。

② UIRT 和 MIRT 项目参数变化方向不同，因此 IRT 与 CTT 题目参数相关存在正向和负向2种，可通过数值大小判断相关程度的高低。

3.2.4 能力维度分析

从单维、二维和三维能力参数的平均值来看（表7），MIRT 模型的能力参数总体上高于 UIRT 模型的能力参数。其中：试卷 01J 和 01W 的能力参数随着维度数的增加而增大，试卷 01L 和 01Y 的能力参数在不同维度之间存在较大波动。从方差上看，除试卷 01J 外，UIRT 能力参数分布更为离散，MIRT 能力参数分布相对集中。试卷 01W 和 01Y 的三维能力参数方差出现较大值（1.271）和较小值（0.049），分布过于离散或集中，这可能是由于样本量较小对参数估计造成的影响。

为考查不同模型中能力的分布，清晰地了解各能力维度间的关系，我们又进行了能力参数与总分的相关分析，结果见表8。相关分析结果显示，不同模型的能力参数均与总分呈显著相关。UIRT 模型的能力参数与总分相关程度较高，均在0.9左右。在 MIRT 模型中，二维 θ_1 与总分的相关程度最高。在因素分析的二因子结构中，听力和阅读测验中的大部分测验在第一个公共因素上负荷较高，因此二维模型中的第一维度能力可能是以听、读为主的能力。

根据 MIRT 分能力与总分相关的方向，4份试卷可以分为2类：第一类为试卷 01J 和 01W，其分能力均与总分呈正相关，只是相关程度不同，可见这 2 份试卷所测量的多种能力之间关系比较密切；第二类为试卷 01L 和 01Y，在二维和三维模型中均出现与总分负相关的能力维度，说明这 2 份试卷可能测量了 2 种以上关联性较小或相对"独立"的能力。因素分析结果显示，试卷 01J 和 01W 的因子结构是按语言技能进行分类的（如听力、书写等），不同的语言技能与整体的语言能力相关程度可能不同，但应是正向关联。试卷 01L 和 01Y 的因子结构中分离出与专业汉语相关的公共因素，与基础汉语能力关联较小，相对独立，因此呈现出与总分负相关的现象。

表 7　预科汉语考试 IRT 能力参数描述性统计

能力维度	01J		01L		01W		01Y	
	平均数	方差	平均数	方差	平均数	方差	平均数	方差
单维 θ	−0.096	0.387	0.196	0.768	0.196	0.638	0.134	0.519
二维 θ_1	0.368	0.308	0.529	0.410	0.232	0.165	0.585	0.191
二维 θ_2	0.307	0.558	0.209	0.173	0.385	0.141	0.174	0.058
三维 θ_1	0.439	0.409	0.193	0.110	0.557	0.311	0.555	0.083
三维 θ_2	0.432	0.400	0.513	0.463	0.644	1.271	0.088	0.074
三维 θ_3	0.430	0.382	0.125	0.101	0.238	0.203	0.164	0.049

表 8　预科汉语考试 IRT 能力参数与总分相关系数

试卷代码	单维 θ	二维 θ_1	二维 θ_2	三维 θ_1	三维 θ_2	三维 θ_3
01J	0.892**	0.953**	0.150**	0.512**	0.456**	0.421**
01L	0.919**	0.974**	−0.101**	0.708**	0.969**	−0.266**
01W	0.909**	0.940**	0.512**	0.951**	0.251**	0.170**
01Y	0.930**	0.971**	−0.362**	−0.193**	0.926**	0.926**

注：** 表示 $p < 0.01$。

4份试卷的三维能力参数与总分相关情况存在较大差异，三维能力空间散点图可以直观地反映能力分布的情况，如图1所示。

图1显示，试卷01J的3个维度的能力十分集中，且与总分的相关程度也比较接近，说明3种能力可能差异不大，区分性不强。试卷01L和01Y的3个能力维度之间有比较清晰的变化关系，即两种能力与另一种能力方向相反，这与相关分析的结果是一致的。试卷01W的3个维度的能力分布比较分散，三者关系不明确。

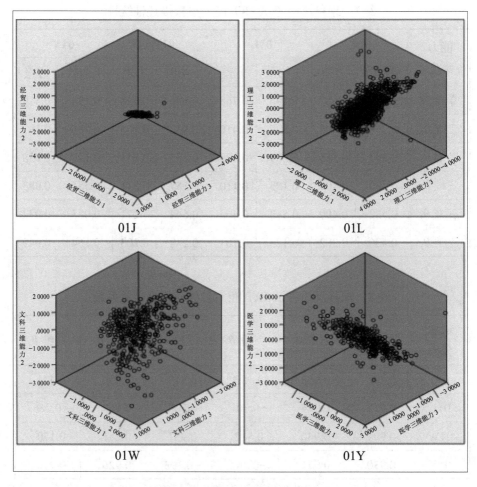

图1　三维能力空间散点图

四、结论与讨论

对测验能力维度的探讨是验证测验构想效度的重要手段之一。本研究结果显示，预科汉语考试的能力结构和预期的结构并不完全一致，二维 MIRT 模型的拟合效果最好，预科汉语考试主要测量了 2 个维度的能力。

试卷 01J 和 01W 的 2 个公共因素分别在听力和阅读为主的分测验与书写为主的分测验上负荷较高，说明经贸和文科 2 个版本的试卷主要测量的是以听力、阅读为代表的能力和书写能力，体现了不同语言技能的差异。听力和阅读测验均以考查理解为主，且听力测验中需要被试对问题或者材料进行阅读，所需能力与阅读测验产生了一定重叠，因此二者的因子负荷结果较为一致。我们暂将听力测验和阅读测验所测量的能力称为"听读能力"。相对于阅读，书写的加工过程较为不同，前者是由字词的正字法表征到通达意义，后者则是从语义到输出正字法表征（王成等，2012），因此书写能力比较容易与之区分开来。

在试卷 01L 和 01Y 中，汉字书写与听力、阅读的大部分题型均在因素 1 上负荷较高，在因素 2 上负荷较高的是 R6 和 R7 这 2 个分测验。R6 为专业汉语阅读短文，R7 为专业汉语读后填空，这 2 个部分均侧重于专业汉语能力的考查。2 份试卷的三维能力结构更清晰地体现专业汉语能力和基础汉语能力的差异，因素分析结果可将 3 个维度能力解释为基础汉语能力、专业汉语能力和 R7 所代表的能力。残差检验结果表明，试卷 01L 和 01Y 的三维 MIRT 模型拟合程度均好于二维 MIRT 模型，能力空间散点图均基本呈线性，表示 3 个维度的能力结构是可以接受的。2 份试卷中：试卷 01L 的三维能力结构与测验预期结构更接近，卡方检验也显示了模型较高的拟合程度；试卷 01Y 的三维能力结构也基本达到测验预期，但拟合效果并不理想。

不同学科能力结构的差异与其学科特点有一定关系。在经贸和文科 2 个学科中，专业汉语与基础汉语在词汇和表达方式上相似度较高，主要差异体现在难度上，因而这 2 个版本的测验对专业汉语和基础汉语能力的区分并不明显。在理工和医学 2 个学科中，专业汉语的词汇、表达方式等方面比较独特，与基础汉语的交叉较少，差异较大，因而更容易将基础汉语能力和专业汉语能力区分开来，即理工类和医学类试卷的能力结构比较符合预科汉语考试的目标构想。

需要注意的是，R7 是一个比较特殊的部分，应当谨慎对待。R7 的题型为阅读文章后填空补全由文章大意总结而来的句子，这个题型不仅要求具备专业知识和阅读能力，还需要被试具备语言组织和书面表达能力，因此在试卷 01L 和 01Y 的三因子结构中，R7 单独在 1 个公共因素上有高负荷。如果排除 R7，则这 2 个版本测验的能力结构可分解为基础汉语能力和专业汉语能力的二维结构。目前预科汉语考试阅读理解的相关研究只针对篇章阅读的多项选择题（R4 和 R5）（陈璐欣、王佶旻，2016），尚未有针对 R7 的研究。R7 所测量的能力是否独立于听、读、写之外，R7 被分离出来是否因为存在题型效应，均有待进一步研究。

综上，研究结果表明，由于不同学科的专业汉语在题目难度、测量范围、呈现方式上均有所不同，因而测验的能力维度与测验目的之间的吻合并不十分理想。因此，在题库建设和测验开发过程中，建议适当调整专业汉语的题目形式，通过构建更为典型的专业语境，兼顾专业汉语能力和基础汉语能力测量的双重目标，从而保证测验的构想效度，实现测验设计初衷。

参考文献

柴省三 2011 汉语水平考试（HSK）听力测验构想效度研究,《语言文字应用》第 1 期。

柴省三　2012　关于 HSK 阅读理解测验构想效度的实证研究,《世界汉语教学》第 2 期。

陈璐欣、王佶旻　2016　汉语阅读理解测验的认知诊断研究：以中国政府奖学金本科来华留学生预科教育汉语综合统一考试为例,《中国考试》第 1 期。

龚君冉　2012　HSK（高级）客观卷的构想效度初探,《中国考试》第 8 期。

郭树军　1995　汉语水平考试（HSK）项目内部结构效度检验，载北京语言学院汉语考试中心编《汉语水平考试研究论文选》, 北京：现代出版社。

黄春霞　2011　C.TEST 语言能力的探索性因素分析,《中国考试》第 6 期。

黄霆玮　2011　HSK（入门级）题目内部结构效度检验,《对外汉语研究》第 1 期。

李桂梅　2009　HSK（改进版）（中级）的构想效度研究,《考试研究》第 1 期。

李　慧　2011　汉语水平考试（HSK）初中等考生能力结构差异的检验,《中国考试》第 1 期。

漆书青、戴海琦、丁树良　2002《现代教育与心理测量学原理》, 南昌：江西教育出版社。

王　成、尤文平、张清芳　2012　书写产生过程的认知机制,《心理科学进展》第 10 期。

王佶旻、黄理兵、郭树军　2016　来华留学预科教育"汉语综合统一考试"的总体设计与质量分析,《语言教学与研究》第 2 期。

张　军　2011　HSK 潜在维度的探索性分析：多维项目反应理论的应用,《考试研究》第 6 期。

张　凯　1992　汉语水平考试结构效度初探，载首届汉语考试国际学术讨论会（北京语言学院, 8 月 14—18 日）论文。

赵琪凤　2008　中国汉语水平考试与实用汉语水平认定考试构想效度检验,《中国考试》第 6 期。

Embretson, Susan E & Reise Steven P 2000 *Item Response Theoryfor Psychologists.* Mahwah, NJ: Lawrence Erlbaum.

Reckase, Mark D 1997 The Past and Future of Multidimensional ltem Response Theory. *Applied Psychological Measurement* 21(1): 25-36.

Ronald K, Hambleton, Swaminathan H & Jane logers 1991 *Fundamentals of ltemIesponse Theory.* Newbury Park: Sage Publications.

来华留学预科汉语考试作文评分研究[*]

——基于概化理论和多面 Rasch 模型

孔傅钰

北京语言大学

摘　要　为了探究来华留学生预科汉语教育结业汉语综合统一考试的作文评分信度，本研究采用概化理论和多面 Rasch 模型分析 5 名评分员对 120 篇实考作文样本的评分情况。概化理论的研究表明，考生能力是得分总变异的最大来源，一位评分员进行评分时，其结果即可达到可接受的概化系数，两位评分员进行评分时，信度系数提高的幅度最大，因此应保持目前的双评状态。多面 Rasch 模型的分析显示，评分量表基本能区分考生能力，评分员的严厉度差异显著，存在对高水平考生偏严、对低水平考生偏宽松的趋势，个别评分员自身一致性较差。

关键词　作文评分；汉语预科考试；概化理论；多面 Rasch 模型

一、引言

中国政府奖学金本科来华留学生预科教育结业汉语综合统一考试（以下简称"汉语预科考试"）旨在评价来华留学生在接受了一学年预科教育后，其汉语水平是否达到了进入我国本科专业学习的要求。不同于一般的语言水平考试，预科考试既要测量学生的日常语言交际能力，又要考查其学习本科

---

* 本文曾发表于《考试研究》2022 年第 4 期，本次收录时做了必要的修改和补充。

专业知识时的汉语运用能力（王佶旻 2014）。其中，作文是重要的组成部分，其目的是考查学生书面叙述一件事情或简单说明一个问题的能力，而对考生写作能力的判断则以评分员评判的分数为基础，因此，作文评分质量问题也一直备受关注。一般来说，在整体评分中，评分员数量越多，越有可能减少因个体认知差异而产生的评分偏差。然而，受人力和经济等条件的限制，实际操作时需要在评分员数量和评分信度之间寻找平衡。早期的研究多在经典测量理论（Classical Test Theory，CTT）的框架下进行，主要聚焦评分的一致性，然而 CTT 依赖具体测试样本且无法解释如评分者数量、试题形式等因素带来的误差。由于概化理论（Generalizability Theory，GT）和多面 Rasch 模型（Many-Facet Rasch Model，MFRM）能够在一定程度上对这些误差来源进行有效评估，因而成为目前探讨作文评分问题的主要理论方法。本研究将使用这两种方法，以 5 名评分员对 120 份汉语预科作文实测卷的评分结果为样本展开信度研究。

二、研究现状

概化理论（GT）整合了经典测量理论与方差分析技术，将随机误差分解为不同的来源成分纳入影响测试结果的模型中。GT 通常包含两个研究阶段：G 研究（概化研究）和 D 研究（决策研究）。前者主要估计不同的测量侧面及其交互作用对考试分数的影响，后者则是对 G 研究阶段所得分数的转换与解释。当涉及作文评分时，GT 可以从总体、宏观的角度审视数据，提供测量目标与不同侧面各自的主效应以及交互效应（Sudweeks et al.，2004）。此外，相较于 CTT，GT 的优势在于能够识别得分方差和误差的来源，同时估计这些方差成分对评分一致性和准确性的影响（Brennan，2001）。

Rasch 模型是项目反应理论（IRT）的模型之一，其中考生能力和试题参数完全独立。其不足之处在于只考虑了项目难度参数，对多种误差来源的解释效果欠佳。基于此，多面 Rasch 模型（MFRM）将多个层面纳入评估框架中。根据不同的考试以及研究需要，可以对 MFRM 进行拓展。拓展之后的 MFRM 可将考生能力、题目难度、评分员严厉度、评分量表中相邻等级的阶梯难度等多个层面纳入同一个数学模型，共同决定考生取得某一分值的概率大小（李久亮，2016）。假设考试中的写作部分由某个特定的项目（如一篇作文）组成，同时考虑不同的评分员具有不同的评分严厉度，则 MFRM 方程表示为：

$$log \frac{P_{nijk}}{P_{nij(k-1)}} = B_n - D_i - C_j - F_k \qquad （1）$$

在上述方程式中，P_{nijk} 表示考生 n 在项目 i 上被评分者 j 评为 k 的概率，$P_{nij(k-1)}$ 表示考生 n 在项目 i 上被评分者 j 评为 k-1 的概率。B_n 代表考生 n 的能力参数，D_i 代表项目 i 的难度参数，C_j 是评分者的严厉程度，F_k 是评分等级 k 相对于 k-1 的难度。MFRM 可以使各层面相互分离，即考生的能力值不受其他层面的影响。同时，它不仅能够判断层面内部的因素（如考生能力）是否具有显著差异，还能够检验各层面是否具有交互作用，如评分员是否对某一群体的考生特别严格或宽松。此外，通过拟合度统计参数，可以发现异常的原始分数，也可以发现其他各个面上的异质点（田清源，2007）。总之，MFRM 在研究写作评分方面具有极大的优势。

目前，考试写作评分的信度及误差评估方法主要有三种。第一，基于概化理论进行评分研究。Gebril（2009）将新型综合写作和传统独立式写作进行了对比，对测量结构组合的搭建提出建议。朱宇等（2013）估计了试题、评分员、评卷速度效应及其交互效应的方差分量，考察了 HSK5 级书写成绩的可靠性。第二，利用多面 Rasch 模型进行评分研究。李清华、孔文（2010）等对 TEM-4 写作新分项式评分标准质量进行了检验。张文星、邹申（2015）等则从严厉度、集中趋势、随机效应等角度探究了 TEM-4 作文评分员的评分效应。第三，考虑到概化理论和多面 Rasch 模型各自的特点以及它们的互补性，越来越多的写作评分研究将这两种方法结合起来。李航（2011）对 CET-6 实考作文的结果进行了分析，GT 发现评分员层面以及包含评分员与考生间交互作用的残差占有一定的比重，MFRM 则发现评分员在严厉度上存在较大差异。关丹丹（2014）研究了硕士入学考试能力测试的写作评分，GT 表明评分者和题目对评分准确性影响不大，MFRM 显示评分者之间在宽严度上不存在显著差异，但在特定考生特定题目上表现出特殊偏向。徐鹰（2016）对 CET-4 模拟作文的分数进行了分析，GT 表明考生能力是测试总变异的主要来源，MFRM 表明评分员严厉度差异性显著，但自我一致性较好。林椿、肖云南（2018）探究了汉语母语与英语母语评分员在写作评分信度和评分行为上的差异，GT 和 MFRM 分别证明了在趋中度方面，两类评分员的评分质量无差别，而在信度系数、评分员一致性、对评分量表的把握等方面，前者的评分质量更高一些。

总的来说，上述研究已经对影响写作评分信度的各个方面及其交互作用进行了一定的探索，同时意识到概化理论和多面 Rasch 模型可以分别从测量组别和个体层面对信度检验的过程进行说明和互补，后者还能够对概化理论的研究结果进行验证，这在一定程度上提高了研究结果的科学性。然而，国内的相关研究多集中于英语测试，对汉语测试的关注度还不够。汉语预科考试对留学生而言是一项高利害测试，考试成绩对他们是否有资格进入中国大学进行本科学习具有较大影响，而作文分数①也直接影响着总体得分，因此作文评分的质量显得十分重要。目前尚未有人综合运用上述两种方法来探讨预科考试作文评分情况，对其评分信度的研究显得尤为必要。

---

① 预科试卷构成：听力理解 45 题、综合阅读 65 题、书面表达 11 题（写汉字 10 题、看图作文 1 题），共计 121 题。听力和阅读为客观题，每题计 1 分；写汉字每题满分 1.5 分；看图作文满分为 15 分。试卷总分为 140 分。作文分数约占总分的 11%，占书面表达的 50%。

三、研究设计

本研究对汉语预科考试作文的评分信度进行实证研究。该部分共计1题，题型为运用关键词，根据图片写作文。考生需在15分钟内完成一篇不少于60字的作文，满分为15分。根据字数、理解度和准确度，每3分形成一个档次，共有5个档次。具体的评分标准见表1。

表1　预科考试作文评分标准

档次	分数	字数	理解度	准确度
1档	0～3	30字以下	完全不知所云	无要求
2档	4～6	30字～60字	词句不达意	无要求
3档	7～9	60字以上	词句基本达意	有明显错误
4档	10～12	60字以上	词句基本达意	有一些错误
5档	13～15	60字以上	词句达意	错误很少

在正式评分阶段，每篇作文由两位评分员进行独立评分，当他们的分差不大于3分时，取其平均分；当其分差大于3分时，则请第三位专家评分员独立给出最终分数。

3.1 研究问题

本研究基于概化理论和多面 Rasch 模型展开，研究问题分为两部分。在概化理论阶段，主要分析以下两个问题：（1）考生面、评分员面以及两者交互作用的残差对测量总变异有什么影响？（2）增加评分员人数将会在多大程度上提高评分信度？多面 Rasch 模型将回答另外两个问题：（1）评分员严厉度、内在一致性以及和考生的偏差情况如何？（2）评分量表的表现如何？

3.2 研究样本

本研究的作文均来自 2019 年 6 月在 17 个考点施测的汉语预科考试试卷。

为确保研究效果，从实测卷中分层随机抽取了 120 份试卷用作实验样本。为了让作文分数覆盖所有的评分档，根据实测各分数段的比例，9 分以下抽取了 36 份，9 ～ 12 分抽取了 48 份，13 ～ 15 分抽取了 36 份。对上述样本的描述性统计分析显示，1 ～ 15 分均有涉及，平均分为 9.93，标准差为 3.776。

3.3 评分员

本研究聘请了 5 位评分员参与实验，他们均具有至少一次的预科作文正式评分的经验，其中 1 位为预科作文评分组长。评分之前，所有评分员都接受了与正式评分阶段无异的培训，进一步熟悉并理解评分标准。培训之后进行了试评，效果良好。所有评分员均在 3 小时内完成了评分工作。

3.4 测量设计

汉语预科考试的作文试题只有 1 题，鉴于此，本研究采用概化理论最基础的 $p*r$ 随机单面交叉模式。p 为考生的写作能力，r 为评分员，共有 5 个水平。在 G 研究阶段，主要探索考生、评分员侧面，以及这两者之间交互作用和随机误差的残差的方差分量对测量总变异的影响。在 D 研究阶段，主要讨论评分员数量和 G 系数之间的关系。多面 Rasch 模型研究则包含考生和评分员两个层面，同时还将对考生和评分员层面的偏差及评分量表的表现进行分析。

3.5 统计软件

本研究采用 EduG（瑞士教育研究学会教育测量研究小组设计，可通过 https://www.irdp.ch/institut/english-program-1968.html 免费下载使用）和 MINIFAC 软件进行数据处理。Facets 软件是进行多面 Rasch 模型分析的主流软件，由约翰·迈克尔·林纳克尔（John Michael Linacre）于 20 世纪 90 年代研发。MINIFAC 是 Facets 的缩减版本，它拥有 Facets 的全部功能，但处理的数据量上限为 2000，可通过官方网站免费下载使用（https://www.winsteps.com/minifac.htm）。

四、研究结果

4.1 概化理论的分析结果

概化理论的 G 研究估算了考生、评分员和他们的交互作用的残差方差分量以及占总方差的百分比，详见表 2。

表 2　方差分析

方差来源	方差平方和	修正的方差成分	方差分量占点方差的百分比（%）	标准误差
考生	7372.065	11.95	83.1	1.59
评分员	357.173	0.744	5.2	0.42
考生 * 评分员	806.027	1.69	11.8	0.11
总和	8535.265			

考生面的方差分量所占的比例最大，为 83.1%，这属于全域分数的方差分量，说明得分变异的最大部分来自考生本身的汉语写作能力，目标测量的准确性较高。评分员面的方差分量仅占 5.2%，代表评分员因素给分数变异带来的误差不大，但也有可能在评分的宽严方面存在一定的差别。考生与评分员交互效应的方差成分虽远远小于考生层面，但仍占 11.8%，意味着评分者可能在自身一致性方面存在一定的问题，如对某些考生评分时趋于严格，对某些考生又趋于宽松。

概化理论的 D 研究阶段，通过对评分员数量的操控来观察相对概化系数和绝对概化系数的变化，详见表 3。

表3 评分员数量与概化系数之间的变化

评分员数量	相对概化系数	绝对概化系数
1	0.87589	0.8306
2	0.93384	0.90746
3	0.9549	0.93634
4	0.96579	0.95149
5	0.97244	0.96081

相对概化系数涉及相对误差（测量对象与其他侧面之间交互产生的误差），用于常模参照的测验，绝对概化系数则涉及绝对误差（除了测量对象之外的所有误差），用于标准参照测验。两者的取值范围都在0～1之间，由于涉及误差的不同，绝对概化系数一般小于相对概化系数。汉语预科考试属于标准参照测验，因此本研究参考的是绝对概化系数。从研究结果来看，只有1名评分员的情况下，绝对概化系数就已经达到了0.8306，如果两位评分员进行评分，则能够达到0.90746。将评分员个数分别增加到3、4、5个的时候，系数均不断增大，但不及由1名评分员增至2名时明显。上述结果表明，在一评条件下，评分信度已经达到比较理想的状态，双评的结果更好。在正式的预科作文阅卷过程中，采用的就是双评的规则，在实际可行的条件下保证了最大化的评分信度。

4.2 多面Rasch模型的分析结果

4.2.1 总体分析

有关考生、评分员和评分维度这三者的综合信息详见图1。图中共有4列，左起分别为：逻辑量尺（logit，模型所使用的测试单位，平均值设为0，下文的能力数值单位均为logit）、考生的写作能力、评分员信息、评分维度的表现。考生写作能力值的范围为−5.06至6.42，基本呈正态分布。对考生而言，度量值越大，能力越强。与考生相反的是，评分员方面的数值是负向的，即度量值越大，评分员越严厉。5 位评分员的取值范围为 −0.73 至 1.08，除 4 号评分员外，其他评分员都集中在量尺 0 的附近，说明评分员们掌握评分标准的尺度基本一致。最右列中的横线代表相邻两个分值的临界能力值，能力值大于该临界值的容易被评为更高的分数，反之则可能得到更低的分数。

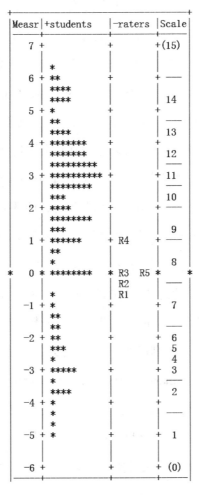

图 1 评分总体信息

4.2.2 考生层面

在多面 Rasch 模型中，测试的信度可参考个人分隔信度（person separation reliability）和个人分隔指数（person separation index），两者的数值越大，信度则越高。一般来说，分隔指数大于 2 时被认为具有显著差异（Myford & Wolfe，2004）。本研究考生层面的分隔指数为 6.58，分隔信度为 0.98，卡方检验值为 6053.2（df=119，p=0.00），表明考生之间的成绩存在统计上的显著差异性，此次作文考试的区分度很好。考生能力分布的卡方值为 116.5（df=118，p=0.52），说明考生的能力呈正态分布。

在所有考生中，能力最强的是 85 号（6.42），能力最弱的是 82 号（−5.07），两者相差了 11.84。平均能力值为 1.64，标准差为 2.8，标准误平均值为 0.41，标准差为 0.08。考生的加权均方拟合度（Infit MnSq）平均值为 0.97，标准差为 0.8。Infit 值通常可以作为判断个体是否拟合模型的依据，一般来说，对其取值范围没有严格的规定。这里采用 Myford & Wolfe（2000）提出的判断标准，当 Infit 值 >3.0 时，为非拟合，即评分之间的差异显著大于模型预测值，Infit 值 <0.5 时，为过度拟合（overfitting），即评分之间的差异显著小于模型预测值。据此，13 号（4.51）、120 号（3.91）、37 号（3.25）这 3 名考生存在非拟合问题。值得注意的是，这 3 名考生都属于评分员与考生交互存在显著偏差的例子，说明这些考生的分数受到了评分员评分偏差的影响。过度拟合的考生人数则高达 37 名。此外，|Z|>2 也被认为是超出可接受的范围（Lynch & McNamara，1998）。3 名非拟合考生的 Z 值均大于 2，为显著非拟合；在过度拟合的 37 名考生中，有 4 名的 Z 值小于 −2，为显著过度拟合。上述结果表明，考生分数只存在轻微的非拟合问题，而过度拟合的现象相较稍多，这意味着评分员可能在一定程度上有评分趋中的倾向。

4.2.3. 评分员层面

评分员层面的数据详见表 4。从整体上看，5 位评分员的分隔指数为 8.26。

分隔信度为 0.99，卡方检验值为 262.9（df=4，p=0.00），平均严厉度为 0.00，标准差为 0.67，这说明评分员在严厉度方面有显著差异。在所有的评分员中，最严厉的是 4 号（1.09），最宽松的是 1 号（−0.74），二者严厉度相差了 1.83。

表 4　评分员层面的结果

评分员	度量值	模型标准误	加权均方拟合度	标准 Z 值	点双列相关系数
4	1.09	0.08	0.93	−0.4	0.95
3	0.07	0.08	1.50	3.2	0.91
5	−0.15	0.08	1.02	0.2	0.95
2	−0.27	0.08	0.94	−0.4	0.97
1	−0.74	0.08	0.56	−3.7	0.96
平均值	0.00	0.08	0.99	−0.2	0.95
标准差	0.67	0.00	0.33	2.5	0.02

通过观察加权均方拟合度，可以得出评分员自身一致性的信息。Bonk & Ockey（2003）提出，Infit 的取值范围在 0.7 ~ 1.3 之间可以认为评分员具有较好的自身一致性，Lincare（2006）和 Weigle（1998）则认为该范围也可以适当扩大，变成 0.6 ~ 1.4 或者 0.5 ~ 1.5。考虑到汉语预科考试是一项重要的标准化考试，故采取 0.7 ~ 1.3 这一更严格的标准。据此，3 号评分员（Infit=1.5，Z=3.2）和 1 号评分员（Infit=0.56，Z=−3.7）未达标，前者自身一致性较差，后者评分差异性过小，评分具有一定的趋中性。此外，还需要关注评分员的点二列相关系数，若在平均值 ±2SD 范围内则视为可接受（McNamara，1996）。本研究的可接受范围是（0.91，0.99），3 号评分员刚好处于最低值的临界点（0.91），这意味着与其他评分员相比，该评分员评分时

具有轻微的随机性，使用某些分数段时有不一致的情况。

上述对评分员的分析显示，评分员在严厉度方面有显著差异，有个别评分员在自身一致性方面存在问题，有一定的随机性，还有个别评分员存在评分趋中的问题。需要关注的是，上文在概化理论的 G 研究阶段发现评分员的方差分量占总方差的比例较小（5.2%），但 Rasch 模型的研究结果表明，不存在非拟合和过度拟合状态的评分员（Infit 均在 0.5 至 3.0 之间），换言之，评分员层面的严厉度差异不会对测试分数产生整体影响（Bachman et al., 1995）。

4. 评分量表的使用情况

多面 Rasch 模型能对评分量表进行有效的分析，如检验各评分员是否使用了评分标准的所有分值，各分值是否能体现相应的能力以及是否具有足够的区分度（Bonk & Ockey, 2003）。汉语预科作文评分量表 0 ~ 15 分的使用情况详见表 5。

表 5　评分量表的使用结果

分值使用情况			分值使用的有效性			分阶校准值	
分值	计数	百分比	实际得分平均度量值	期望得分平均度量值	未加权均方拟合度	度量值	标准误
0	5	1%	−4.55	−4.76	1.1		
1	22	4%	−4.47	−4.12	0.4	−5.92	0.50
2	23	4%	−3.43	−3.57	0.6	−3.88	0.28
3	12	2%	−2.97	−3.14	0.7	−2.70	0.27
4	15	3%	−2.5	−2.78	1.3	−3.18	0.28
5	4	1%	−2.12	−2.37	1.2	−1.26	0.30
6	22	4%	−2.09	−1.71	1.1	−3.77	0.30
7	53	9%	−0.50	−0.59	0.8	−2.07	0.25
8	62	10%	0.60	0.68	1.1	−0.09	0.20

（续表）

分值使用情况			分值使用的有效性			分阶校准值	
分值	计数	百分比	实际得分 平均度量值	期望得分 平均度量值	未加权均方 拟合度	度量值	标准误
9	58	10%	1.80	1.64	0.7	1.25	0.17
10	75	13%	2.32	2.37	1.0	1.76	0.16
11	42	7%	2.93	2.97	1.0	3.26	0.16
12	56	9%	3.46	3.48	1.3	2.94	0.16
13	62	10%	4.08	4.03	0.9	3.64	0.16
14	51	9%	4.79	4.75	0.9	4.57	0.17
15	38	6%	5.44	5.52	1.1	5.44	0.22

第一，计数和百分比显示了各分数的使用频率，每个分值均有涉及，7～14 各分数的使用频率相当，在 10% 左右，总体不存在对某一分数过度使用的情况。第二，实际得分平均度量值（Avge Meas）从低到高依次递增（−4.55 至 5.44），与 Linacre（2006）提出的评分标准质量的基本要求相符，这也表明了评分员整体上能够较准确地使用各分数来区分不同能力的考生。第三，未加权均方拟合度（Outfit MnSq）也是分值使用情况的检验指标。若该值>2.0，则表明得到该分值的考生其预测分数和实际分数之间有较大差距，即该分数不能准确地反映考生的水平（Linacre，1999）。表 5 中所有分数的未加权均方拟合度都小于 2，基本处于 1 附近，从这个角度来看，各分值可以区分不同能力的考生。第四，分阶校准值显示了各分数的起始值。除 3、4、5、6、11、12 分之外，其余分数都呈现由低到高递增的趋势。3、4、5 分使用的频率较少，模型估计的误差相应地也会增加，起始值的无序性可能就是由此导致的。同时，相邻分数的间隔数值也应作为参考，如表 6 所示。

表6　相邻分数的间隔数值

相邻分数	2～1	3～2	4～3	5～4	6～5	7～6
间隔数值	2.04	1.18	−0.48	1.92	−2.51	1.7
相邻分数	8～7	9～8	10～9	11～10	12～11	13～12
间隔数值	1.98	1.34	0.51	1.5	−0.32	0.7
相邻分数	14～13	15～14	5～2	8～5	11～8	14～11
间隔数值	0.93	0.87	2.62	1.17	3.35	1.31

Linacre（1999）认为各分数的间隔应该在1.4～5之间，除了2～1、5～4、7～6、8～7、11～10分之间的起始值间隔达到了该标准，其他分数未满足，即这些分数之间的差别并不十分明显。汉语预科作文考试的评分标准共有5档，每档包含3个分值（详见表1）。评分时先定档，然后在相应的档位里选择合适的分数。此时取每个档位的中位数，对各档位之间起始值的间隔进行计算，结果见表6。2档与1档、4档与3档的间隔值落在了1.4-5内，说明这些档位的差别很明确。3档与2档、5档与4档的结果则相反，它们之间的差别不太明显。综合上述分析，评分档次之间以及总体相邻分数差别的准确性有待提高，这也在一定程度上解释了个别评分员评分具有随意性的问题。

此外，还应关注各分值的概率曲线，如图2所示。

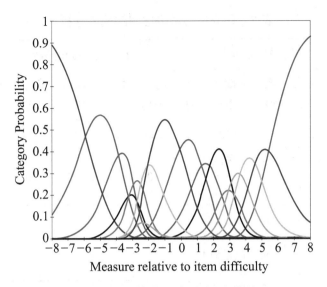

图 2　评分量表各分数段概率曲线图

图中的每个波形对应一个分值，各波形的交点即相邻分值的临界点。若概率曲线有独立的且有一定间隔的波峰，说明每个分数值各自对应一个明显的能力区域，在此区域内的考生最容易获得该分值（Park, 2004）。图 2 显示，除了两端有较明显的独立波峰，其余能力段考生的概率曲线处于重叠状态，尤其是中间偏左侧（3 分到 5 分）和中间偏右侧（11 分到 12 分），这说明该评分标准需要改进，如合并某些分值。

5. 偏差分析

偏差分析可以用来判断各个面之间的交互作用。通过比较观测值和模型期望值之间的差异来对评分员与考生之间的偏差进行分析。评分员与考生之间的实验偏差项目（empirically bias terms）共有 600 个。若 Z 值 >2，则该评分员对该考生更为严厉；若 Z 值 <-2，则该评分员对该考生更为宽松。本研究共存在 16 个显著偏差，10 个偏严格，6 个偏宽松，共占所有偏差项目（600个）的 2.67%，符合偏差比率在 5% 之内的要求。表 7 显示了评分员与考生之间的显著偏差信息。

表 7　评分员与考生之间的偏差分析

评分员	被严格评分的考生					被宽松评分的考生					偏差数总计
	考生编号	能力值	实际得分	期望得分	小计	考生编号	能力值	实际得分	期望得分	小计	
1	S71	5.31	13	14.51	1	S54	−0.14	10	8.14	1	2
2	S15	−1.12	5	7.12	2	S100	1.63	12	9.46	1	3
	S63	−1.63	4	6.77							
3	S37	5.96	12	14.44	5	S46	−2.81	8	3.58	2	7
	S120	5.31	11	14.03							
	S44	1.8	7	9.27							
	S5	2.92	8	10.81		S13	−2.47	10	4.63		
	S7	4.13	10	12.82							
4	S80	3.98	8	10.88	1	S107	3.42	13	10.01	1	2
5	S102	2.92	8	11.19	1	S52	1.63	12	9.32	1	2

　　5 位评分员均表现出了一定的偏差性，其中 3 号评分员的偏差情况最为严重，与 5 个不同能力值范围（每 1logit 间隔算一个能力范围）的考生发生了 7 次偏差。能力值在 0 之上的 5 个考生，评分全部偏严格，能力值在 0 之下的 2 个考生，评分全部偏宽松。实际得分为 8 的 5 号、46 号这两位考生之间的能力值、期望得分都相差甚远，7 号、13 号考生也是相同的情况，这也印证了 4.2.1 小节中的结果，即 3 号评分员自身一致性偏差，评分存在随机性，使用分数时存在前后标准不一的问题。

　　总体来看，评分偏严格的情况多于偏宽松的情况。在 8 个不同的考生能力区间中，分数显著偏严覆盖了 6 个区间，其中有 5 个区间相互联结，即 1 至 6。分数显著宽松覆盖了 4 个区间（−3 至 −2、−1 至 0、1 至 2、3 至 4），彼此之间没有联系。由此，共有 11 个显著偏差（68.75%）发生在 1 至 6 之间，可能是因为所有考生中共有 67.5% 的人属于这个能力区间，二者比例接近。这一结果也表明了显著偏差出现在能力较强考生中的比例高于能力一般和较差的考生，评分员在对前者进行评分时，出现偏差的概率更大。同时，评分员总体呈现出对较高能力考生评分严格而对较低能力考生评分宽松的趋势。上述研究结果表明，一方面要提醒所有的评分员注意对高、低能力考生进行评分时的严厉度差异，另一方面要加强对类似 3 号的评分员群体的培训，关注评分结果并纠正其随意性。

五、结论

基于概化理论和多面 Rasch 模型研究了 5 名评分员对 120 份汉语预科实测作文考卷的评分结果，对其信度进行了检验。综合上述分析，可以得到以下结论。

第一，概化理论的 G 研究阶段提供了考生、评分员以及二者交互作用所占的方差分量。考生能力差异是总变异的主要来源（83.1%），评分员层面占比 5.2%，总体表现较为稳定。评分员与考生之间的交互作用占比 11.8%，评分员在评分严厉度上存在差异，对某些考生的评分存在前后不一致的情况。

第二，在概化理论的 D 研究阶段发现，一位评分员评分时就能达到可接受的概化系数（0.83），具有较高的信度，而采用双评则可以将系数提高到 0.91，随着评分员的继续增多，系数也在逐步提高，但幅度不大，所以在正式评分时应保持目前的两位评分员评分的状态。

第三，多面 Rasch 模型对考生、评分员、考生及评分员的交互作用、评分量表这四个方面进行了详细的解释，主要有以下发现：（1）汉语预科作文考试能有效地区分不同能力的考生。（2）评分员在严厉度方面存在显著差异，总体一致性较好，有两位评分员未达标，3 号评分员评分时具有一定的随机

103

性，1 号评分员存在评分趋中的问题。（3）考生与评分员的交互作用表明，评分偏严格的情况比偏宽松的情况要多，较高能力考生出现显著评分偏差的概率更大，评分员总体对该群体更严格，对能力一般及较差的考生更宽松。对 3 号评分员的探讨也进一步证明了其存在的评分问题，需要重点关注。（4）评分量表大致可以区分不同能力的考生，评分员整体上也能够较准确地使用各分数来达到此目的，然而有两组评分档位之间以及各相邻分数的差别不太明显，其准确性有待提高。

　　总的来说，概化理论和多面 Rasch 模型从不同的角度对评分信度进行了考察，具有较好的互补性。需要明确的是，作文评分属于一项复杂的心理活动，评分员表现出来的严厉度倾向、一致性差异都是正常的现象，偏差显著的交互作用同样无法避免。基于此基本认知和研究结果，可以通过加强对评分员的培训，检测并纠正评分员的评分活动，改进评分量表等措施来减小偏差，同时采用质性手段来印证并补充数据分析的结果，从而最大化地保证评分信度。

参考文献

关丹丹 2014 研究生入学考试写作评分的概化理论研究与多面 Rasch 分析，《心理学探新》第 5 期。

李　航 2011 基于概化理论和多层面 Rasch 模型的 CET-6 作文评分信度研究，《外语与外语教学》第 5 期。

李久亮 2016 Rasch 模型在中国应用研究回顾，《广东外语外贸大学学报》第 2 期。

李清华、孔　文 2010 TEM-4 写作新分项式评分标准的多层面 Rasch 模型分析，《外语电化教学》第 1 期。

林　椿、肖云南 2018 大学生英语写作测试中母语与非母语评分员行为的对比分析,《中国外语》第 5 期。

田清源 2007 HSK 主观考试评分的 Rasch 实验分析,《心理学探新》第 1 期。

王佶旻、郭树军、黄理兵等 2014 中国政府奖学金本科来华留学生预科教育
　　"基础汉语考试"试卷设计与质量分析,《中国考试》第 2 期。

徐　鹰 2016 概化理论和多层面 Rasch 模型在 CET-4 作文评分中的应用研究,
　　《西安外国语大学学报》第 1 期。

张文星、邹　申 2015 基于多层面 Rasch 模型的 TEM-4 作文评分员效应研究,
　　《中国外语教育》第 3 期。

朱　宇、冯瑞龙、辛　涛 2013 新 HSK 书写成绩可靠性影响因素的概化理论
　　分析,《心理科学》第 3 期。

Bachman, Lyle F, Lynch Brian K & Mason Maureen 1995 Investigating variability
　　in tasks and rater judgements in a performance test of foreign language
　　speaking. *Language Testing* 12(2): 238-257.

Bonk, William J & Ockey, Gary J 2003 A many-facet Rasch analysis of the second
　　language group oral discussion task. *Language Testing* 20(1): 89-110.

Brennan, Robert L. 2001 *Generalizability Theory*. New York: Springer.

Gebril, Atta 2009 Score generalizability of academic writing tasks: does one test
　　method fit it all?. *Language Testing* 26(4): 507-531.

Linacre, Michael John 1999 Investigating rating scale category utility. *Journal of
　　outcome measurement*. 3(2): 103-122.

Linacre, Michael John 2005 A user's guide to FACETS: Rasch-model computer
　　programs. Chicago: MESA Press.

Linacre, Michael John 2006 Data variance explained by measures. *Rasch
　　Measurement Transactions* 20(1): 1045-1054.

Lynch, Brian K & McNamara, Tim F 1998 Using G-theory and Many-facet Rasch measurement in the development of performance assessments of the ESL speaking skills of immigrants. *Language Testing*, 15(2): 158-180.

McNamara, Tim 1996 *Measuring second language performance*. UK: Addison Wesley Longman.

Myford, Carol M & Wolfe Edward W 2000 Monitoring Sources of Variability Within the Test of Spoken English Assessment System. *ETS Research Report*, (1): 1-52.

Myford, Carol M & Wolfe Edward W 2004 Detecting and measuring rater effects using many-facet Rasch measurement: Part Ⅱ. *Journal of Applied Measurement*, 5(2): 189-227.

Park, Taejoon 2004 An Investigation of an ESL placement test of writing using manyfacet Rasch measurement. *Studies in Applied Linguistics and TESOL*, 4(1):1-21.

Sudweeks, Richard R, Reeve Suzanne & Bradshaw William S. 2004 A comparison of generalizability theory and many-facet Rasch measurement in an analysis of college sophomore writing. *Assessing Writing*, 9(3): 239-261.

Weigle, Sara Cushing 1998 Using FACETS to model rater training effects. *Language testing*, 15(2): 263-287.

来华留学生预科教育"汉语综合统一考试"的总体设计与质量分析*

王佶旻　黄理兵　郭树军

北京语言大学

摘　要　"汉语综合统一考试"是面向中国政府奖学金本科来华留学生的预科结业考试。考试的主要目的是衡量学生的汉语水平是否达到进入本科专业学习的要求。针对学生不同的专业方向，考试分为文科、经贸、医学、理工四个版本，涵盖基础汉语和专业汉语两个方面。考试采取汉语语言能力与语言知识并重的原则进行设计，采用综合式和分立式并行的测试方式，以测查语言交际能力为主，兼顾语言知识，对各项语言技能进行全面测评。考试结果表明，试卷质量优良，实现了考试目的。

关键词　预科教育；汉语考试；专业汉语

一、引言

　　2005 年 9 月，教育部和国家留学基金管理委员会以中国政府奖学金本科来华留学生为对象，分理工农医、经济管理和文学艺术等三类开展了预科教育的试点工作，翻开了新时期留学生预科教育的新篇章。为保证预科生的教育质量、提高奖学金使用效益，2010 年 9 月教育部颁发了《教育部关于对中国政府奖学金本科来华留学生开展预科教育的通知》，规定预科教育要逐步实行主干课程全国统一考核标准。预科教育考核内容分为两部分，即汉语言

---

* 本文曾发表于《语言教学与研究》2016 年第 2 期，本次收录时做了必要的修改和补充。

能力测试和专业基础知识综合考试。预科教育不同于普通的语言培训或知识补习，它是要通过预科强化教育，使学生在汉语言知识和能力、相关专业知识以及跨文化交际能力等方面达到进入我国高等学校专业阶段学习的基本标准。相应地，预科教育考核也有其特殊性和复杂性，它不同于一般的语言水平考试，而是语言与专业，知识与能力的统一体。因此，我们有必要研发适合预科教育的考核标准与测评体系。

语言课程是预科教育的主干课程，开设该课程的目的是通过集中强化教学，使学生能够用汉语完成基本的日常生活交际，并且能以汉语为工具学习大学专业课程。这里面实际上包含了两类语言教学，即基础汉语教学和专业汉语教学。2013 年初，我们受国家留学基金管理委员会的委托，负责研发用于预科结业的基础汉语考试，并于同年 6 月在全国 7 所承担政府奖学金预科生培养任务的院校进行了试考。结果表明，该考试较好地满足了对中国政府奖学金本科来华留学生预科教育基础汉语教学成果的考核以及对学生汉语水平的评测需求（王佶旻等，2014）。在此基础上，我们根据学生的专业需求，分理工、医学、经贸和文科四类研发专业汉语考试，并将基础汉语和专业汉语融进一份试卷中，称为"汉语综合统一考试"。

二、汉语综合统一考试的设计理念

2.1 考试的性质与用途

开发一个测验，首先要明确三个问题：第一是测验目的，第二是测验的目标团体，第三是测验构想，也就是解决为什么测、给谁测以及测什么的问题。首先来看测验目的，测验目的可以从两个层面来考虑，一个层面是通过测验做出什么推断，另一个层面是根据测验结果要做出什么决策。预科结业考试的目的有两个，一个是检测学生是否达到了本科入系学习的基本标准，另一个是评价预科教育的成果。其次来看测验的目标团体，测验的目标团体指的是将来的被试群体。目标团体的特性一般从四个方面来考虑：（1）被试的个人特性；（2）被试的知识结构；（3）被试的语言水平和语言能力的构成；（4）被试可能对测验产生的态度（Bachman & Palmer，1996）。作为留学生本科入系的门槛性考试，预科结业考试目前仅在政府奖学金生中试行，未来要面向更多的需求者。最后来看测验的构想，测验的构想是对测验所测能力的定义，汉语综合统一考试既要测量学生的日常语言交际能力，又要考查他们学习本科专业知识时的汉语运用能力，因而这个考试是集普通语言测试与专门用途语言测试于一体的综合性语言测试。

2.2 考试的设计原则

汉语综合统一考试的设计原则可以归纳为：

第一，基础汉语与专业汉语的统一体，在同一份试卷中全面考查语言的日常交际和专业领域的语言运用能力。预科的语言教学不仅教授普通汉语，也要教授专业汉语，特别是专业领域的特殊词汇和表达方式，因此预科的语言测试也应当是普通语言测试与专门用途语言测试的统一体。另外，在专业汉语的测评方面，我们主张考查专业领域的语言运用能力，也就是使用语言获取专业知识的能力，而非专业知识本身。这一点是专业汉语教学与测试中非常重要的理念。

第二，着重测查语言交际能力，兼顾考查语言知识。政府奖学金预科生多数为零起点接受 9 个月左右强化教学的汉语学习者，结业时的语言水平处于初、中级范围。这个阶段是打基础的时期，需要注重语言知识的积累和语言交际能力的培养，因此在测评时既要考查语言的综合运用能力，又要兼顾语言要素与语言知识。

第三，分立式测验与综合式测验相结合。分立式测验是现代客观性语言测验的主要形式之一，它的特点是适合考查语言要素与知识点，比如词汇和语法。而综合式测验适合考查语言的综合运用，比如作文和完形填空。因此在汉语综合统一考试中，我们以分立式测验的形式考查语言知识，以综合式测验的形式考查语言交际能力。

第四，以技能为导向，从听、读、写三个维度综合考查学生的汉语水平。我们的研究表明，初级阶段汉语学习者各项语言技能呈现较为分散的趋势，到了高级阶段逐渐趋于融合（周聪，2010；原鑫、王佶旻，2012），因此，对于初、中级水平的学生，采取语言技能分开测量的方式更为稳妥。汉语综合统一考试着重测评听、读、写的能力，口语能力的测评将单独研发，独立施测。

第五，主客观相结合，以客观、半客观题的形式考查听和读的能力，以主观题的形式考查写作能力。听和读的能力属于接受渠道的能力，而写作能力属于产出渠道的能力，接受渠道的能力使用客观化题型更为有效，而产出渠道的能力多使用表现性测试，采用主观评价的方式。

三、试卷结构与题型设计

3.1 试卷结构

汉语综合统一考试由三部分构成，分别为听力理解、综合阅读和书面表达。全卷共 121 题，包含 11 种题型，考试时间约为 160 分钟。详细信息见表 1。

表 1　试卷结构

试卷构成	题型	题号	题数	备注
听力理解 （共 45 题）	听句子	1～10 题	10	基础汉语
	听短对话	11～25 题	15	基础汉语
	听长对话	26～35 题	10	基础汉语
	听讲话	36～45 题	10	专业汉语

（续表）

试卷构成	题型		题号	题数	备注
综合阅读（65题）	理解词语		46～55题	10	基础汉语
	完成句子		56～65题	10	基础汉语
	选词填空		66～75题	10	专业汉语
	句子匹配		76～85题	10	专业汉语
	阅读理解	Ⅰ理解短文	86～100题	15	基础汉语
			101～106题	6	专业汉语
		Ⅱ读后填空	107～110题	4	专业汉语
书面表达（11题）	写汉字		111～120题	10	基础汉语
	作文		121题	1	基础汉语

由表1可以看出，汉语综合统一考试实际上包含了基础汉语试题81道，专业汉语试题40道。也就是说，文科、经贸、理工、医学四个版本的汉语综合统一考试试卷之间有共同的81道题目，其他的40道专业汉语试题则因为专业内容的不同而有所不同。这样的试卷设计模式一方面可以在一份试卷中实现对考生的日常交际能力、基础语言知识、专业领域的语言运用能力的全面测评，另一方面也可以通过四个版本中共同的81道题目，实现对不同专业考生汉语水平的比较，为教师和教学单位提供参考信息。

3.2 题型设计方案

我们所设计的11种题型中，考查听力理解能力的题型共4种，即听句子、听短对话、听长对话和听讲话，分别考查对简单句子、单回合对话、多回合对话和简短讲话的理解能力。语料的文本长度由短到长。其中前三种题型考查日常生活中的语言理解能力，属于基础汉语，由于日常生活的口头交际多为对话形式，因此我们选用语料时也以对话为主。专业领域的听力理解主要体现在听懂课堂讲解的能力上，因此我们选用听讲话的形式，以专业短文为素材，考查学生的听力理解能力。

综合阅读部分考查汉语阅读理解能力，以及阅读过程中所必备的汉语基础知识。其中理解词语是考查被试的基础汉语词汇量，完成句子是考查被试对汉语的基本语法形式（虚词和语序）的掌握程度，这两个题型属于基础汉语中的基础知识考查。选词填空和句子匹配属于专业汉语部分，前者考查被试在专业领域内的词汇量，后者考查被试对专业领域的句子和特殊表达方式的理解和运用能力，这两个题型属于专业汉语领域的基础知识考查。阅读理解部分有两种考查方式，其中理解短文采用传统的多项选择题形式，语料涵盖普通题材的文章和专业领域的文章。读后填空属于专业汉语部分，要求被试在阅读短文后，概括短文大意、获取重要信息和细节，并把它们摘抄下来或者用自己的话概括出来。这是学生在学习专业知识时经常需要使用的一种能力。

四、分数体系

分数报道是测验效度的直接体现。汉语综合统一考试在分数报道时遵循以下几条原则：一是科学合理，二是通俗易懂，三是符合测验的基本用途，四是提供充足的信息。

汉语综合统一考试包括基础汉语和专业汉语两部分，为了使不同专业考生之间的成绩可以相互比较，更好地了解考生在群体中的相对位置，我们采用以正态化标准分数（Z 分数）为基础的导出分进行分数报道。具体过程如下：

（1）分别计算出考生基础汉语和各专业汉语原始分数的百分位等级。

（2）根据百分位等级和正态化标准分数转换表进行正态化转换，计算出每位考生基础汉语和专业汉语的正态化 Z 分数。

（3）基础汉语按 Y=80+15Z 进行线性转换，专业汉语按 Y=35+10Z 进行线性转换，从而得到每位考生基础汉语和专业汉语的导出分。

（4）最终的导出总分为基础汉语导出分与专业汉语导出分之和。

除此之外，我们还分别报道听力理解、综合阅读、书面表达三个分测验，以及全卷 11 个题型的原始分数，以便考试使用单位更加详细地了解考生个体和各校考生团体在不同语言技能、不同考查点上的表现，为预科汉语教学和评估工作提供参考。由于汉语综合统一考试是预科结业的标准，需要提供是否结业的决策建议，因此我们还划定了考试分数线，向有关部门和学校提供用于结业决策的建议分数线。

五、试卷质量分析

2014 年 6 月，全国 8 所承担中国政府奖学金本科来华留学生预科教育的院校参加了汉语综合统一考试，实考人数 1218 人，其中经贸类考生 241 人，理工类考生 586 人，文科类考生 184 人，医学类考生 207 人。下面我们分别报告基础汉语和专业汉语两部分的试卷质量。

5.1 基础汉语部分的质量分析

表 2　基础汉语部分试卷质量分析

样本容量	难易度	总体区分度（点双列）	平均分	标准差	偏态值	峰值	α 系数	标准误	题目合格率
1218	0.83	0.37	66.44	10.22	−1.09	1.51	0.92	2.94	93.75%

基础汉语部分（除作文外）共 80 题，原始总分为 80 分。表 2 的结果显示，考生在基础汉语部分的平均得分为 66.44 分，平均难度为 0.83，这说明基础汉语部分比较容易，适合初级汉语水平的学习者，与大部分零起点预科

生的实际汉语学习状况相符。基础汉语部分的总体区分度为 0.37，达到了很高的水平，按点双列相关系数大于 0.2 为合格题目的标准划分，基础汉语题目的合格率为 93.75%。该部分的信度系数为 0.92，对于只有 80 道题目的基础汉语部分来讲，属于较高的水平。此外，考生基础汉语成绩呈负偏态，与设计预期一致。由此可见，此次基础汉语部分符合预期的设计思想，具有很高的质量水平。

5.2 专业汉语部分质量分析

四类专业汉语的试题质量分析如表 3 所示。

表 3　专业汉语部分试卷质量分析

专业	样本容量	难易度	总体区分度（点双列）	平均分	标准差	偏态值	峰值	α系数	标准误	题目合格率
经贸	241	0.73	0.44	29.33	7.04	−0.51	-0.57	0.89	2.32	97.50%
理工	586	0.75	0.43	30.22	6.66	−0.94	0.52	0.88	2.31	95.00%
文科	184	0.66	0.41	26.58	7.08	−0.11	-0.90	0.87	2.54	95.00%
医学	207	0.77	0.44	31.17	6.66	−1.10	0.94	0.89	2.25	92.50%

从表 3 的结果可以看出，经贸类、理工类和医学类试卷的难度均在 0.75 左右，文科类试卷难度相对较大，为 0.66，但都处于中等难度水平，比较适合预科生，能够较好地评估出他们的专业汉语水平。从区分度来看，四种考试试卷的整体区分度均在 0.4 以上，按点双列相关系数大于 0.2 为合格题目的标准划分，经贸类题目的合格率最高，为 97.50%，理工类和文科类的题目合格率居中，均为 95%，医学类题目的合格率为 92.50%。从信度系数来看，四种专业汉语考试的内部一致性均在 0.87 以上，对于只有 40 道题目的专业汉

语部分来讲，均属于较高的水平。从四类考生的成绩分布来看，其分数均呈负偏态分布，符合设计预期。由此可见，四个版本的专业汉语部分都达到了很高的质量水平。

5.3 作文部分的质量分析

作文部分为主观题，原始总分 15 分，每 3 分形成一个档次，共有 5 个档次。每篇作文由 2 名经过评分培训的评分员独立评分。若两名评分员评分差异不大于 3 分，则取两名评分员的平均分；如果差异大于 3 分，则由第三名评分员（通常是专家）复评。

本次汉语综合统一考试的作文评分结果如表 4 所示。

表 4　作文评分结果

分数段	0～3分（1档）	4～6分（2档）	7～9分（3档）	10～12分（4档）	13～15分（5档）	平均分	标准差
人数	29人	81人	280人	409人	419人	10.71	3.09

由表 4 可见，考生的作文平均得分接近 11 分，主要数据集中在第 4 档和第 5 档，这说明本次考试的作文题目是考生比较熟悉的话题，能够引导考生写出一定水平的内容，充分发挥考生的写作能力。

六、结语

来华留学生预科教育汉语综合统一考试是面向预科结业（本科入系）的标准化考试。2014 年的试考结果表明，该考试较好地实现了对预科生语言基础知识、汉语日常交际能力以及专业领域的汉语运用能力的综合测评。今后我们还将在以下几个方面做进一步的研究和探索。一是根据留学生大学入学的能力要求和基本状况，建立本科来华留学生预科教育的标准体系。二是开展考试的效度研究，追踪预科生进入大学学习的适应情况。三是对专业汉语部分的新题型进行深入研究，为专业汉语的教学、学习和测试提供参考意见。四是为各高校和考生提供汉语综合统一考试分数的诊断性评价报告。

参考文献

王佶旻、郭树军、黄理兵、黄　伟 2014 中国政府奖学金本科来华留学生预科教育"基础汉语考试"试卷设计与质量分析，《中国考试》第 1 期。

原　鑫、王佶旻 2012 "基于结构方程模型的高级汉语学习者语言技能关系研究"，《华文教学与研究》第 4 期。

周　聪 2010 综合式测试方法对初级水平汉语学习者的适用性研究，北京语言大学硕士学位论文。

Bachman, Lyle F & Palmer Adrian S. 1996 Language Testing in Practice. UK: Oxford University Press.

关于中医院校预科汉语教学中
成绩测试体系的研究 *

行玉华

天津外国语大学

摘　要　通过探讨成绩测试在预科汉语教学中的重要作用、性质以及应遵循
　　　　　的设计原则，本文以中医药专业留学生汉语成绩测试的内容及数据
　　　　　结果分析为例，对其编写步骤中的一些重要环节加以具体说明。研
　　　　　究发现，成绩测试体系的完善不仅有助于预科汉语水平考试大纲的
　　　　　制定和汉语水平测评体系的搭建，还有利于现有预科专用教材的科
　　　　　学性和适用性的提高。

关键词　预科汉语教学；成绩测试；性质；原则；步骤

　　目前最权威的汉语水平考试（HSK）是国家级标准化考试，其科学性、
实效性是不言而喻的，但预科汉语教学的培养目标是为留学生学习专业服
务，针对专门用途语言教学的测试在内容和整体设计上要略别于能力水平考
试，整个重点应倾向于和后续所学专业的知识系联、结合及反拨。

一、成绩测试在预科汉语教学中的作用

　　成绩测试（Achievement Test），是专门针对某一课程而设置的，是教学
过程中运用最广泛的测试类型（常晓宇、魏鹏程，2011）。它不仅牵涉到学习
者对语言能力结构模式的理解认识，而且关系到教师能否从测试中获得有关

---

* 本文曾收录于《天津中医药大学学报》2015 年第 6 期，本次收录做了必要的修改和补充。

教学情况的具体准确信息，甚至影响到教学目的、教学组织和课程设置，以及三者（学生、教师、单位）的评估鉴定（崔颂人，2006）。目前的实际情况是，常有已通过HSK5级考试的留学生在进入专业课学习时，仍表现出接受能力差、学习进度缓慢的问题。另外，现行的预科汉语考试大纲对专业水平能力的测试体现存在一定的距离。因此，预科（专业）汉语成绩测试的完善不仅有助于预科汉语水平考试大纲的制定，还有利于现有预科专用教材的科学性和适用性的提高。

二、预科汉语成绩测试的性质

预科汉语教学成绩测试体系不仅要考查学生阶段内的汉语能力的专业性（某一专业领域的汉语能力），还要通过不同阶段成绩测试的结果对比，科学预测学生在专业接受能力上存在的变化趋势。它旨在弥补标尺（HSK考试）定能力的不足，致力于成为专业用途汉语教学体系中测试评价的第二把标尺，具有专业性和针对性双重性质（何玲，2014）。这一性质也决定了成绩测试在内容和形式上，都要兼顾两个学科知识的不同特点和彼此联系，以及通用汉语和专业汉语在语言要素、功能项目等方面的异同。不仅要涵盖阶段学习中的基础汉语知识，设计体现语言能力的测试题型，还要涉及相关专业领域内的高频率基础性专业汉语知识，并科学分配各自所占分值权重，统一制定考核评价标准参数。

三、目前预科汉语成绩测试存在的问题

陆晓红（2008）指出成绩测试编写存在缺乏理论支撑、题型不恰当、语言不标准等问题。崔颂人（2006）认为目前成绩测试在试题设计方面存在的问题，包括考试目的不明确、试题内容重复、考试效度低、缺乏交际功能等问题。专门针对预科汉语中的成绩测试问题虽然大多没有专门提及，但上述

问题（效度、信度、难易度、区分度）可能都会存在。加之对目前预科专业汉语发展现状分析可知，要实现成绩测试的规范化、标准化和科学化，其前提是清楚特定语域的专业汉语各要素的总量、类别、频率等，具有明确的词语使用情况的语域意识，熟知不同语域使用的频度，对专业术语与非术语有明确区别等。另外还有一个亟待解决的问题就是预科教育专业汉语功能大纲的制定和完善，这些都需要学者们进一步去研究去细化。

四、中医院校预科汉语成绩测试的设计原则

4.1 突显中医药教学的特性

内容上，要借助基础专业课程教材语料进行测试，加入最能代表中医药的词汇、句法、篇章结构以及语义结构等内容。形式上，要与通用汉语形成鲜明对照，参考其已有的成熟成绩测试模式，不完全追求理想的区分能力，注重反映实现教学目标的程度，侧重对输入与输出两大能力的测试。分值上，科学分配基础汉语和专业汉语的权重，力求测试数据可以有效回流于预科汉语中的相关专业领域如交际情景、交际技能、思维规律、学习规律等的研究。

4.2 提高命题的科学性

命题是考试工作的核心环节，提高命题的科学性是整个考试工作科学化和现代化的关键（苏剑芳，1999）。而要判断其科学性，首先要看试题取样是否科学（戴海琦，2005），即对于考试内容总体而言有无代表性，测试的要求是否依循了大纲要求，对测试内容细目表有无合理体现，在考查各项能力时，是否既关注了材料的难度和覆盖面，又兼顾了具体的微技能；其次要看试题编制是否科学，即试题本身是否合理，面对测试对象有无针对性（邹申，2005）。

4.3 加强设计评价的综合性

首先将现有权威成果如《汉语水平词汇与汉字等级大纲》《汉语水平等级标准和语法等级大纲》与各个专业领域词语使用频度及句法出现频度词汇表进行对比、筛选，科学地量身定制其考试内容及范围。其次，鉴于预科生专业知识背景不同，汉语水平参差不齐的现状，在横向上要对测试者进行国别、水平、后续专业的区分；竖向上要参照 HSK 的等级体系细化成绩测试的分数等级，建议分为两个分支（汉语和专业），每个分支分别划出不同等级，每个等级可再分为不同级别。测试结果要来自横向和纵向的综合评价，以求绘制出不同国别、不同水平、不同专业学生的阶段成绩和能力分布曲线图。如图 1 是根据 52 位有 2～4 年汉语学习背景的中医药专业越南留学生在基础汉语中的 7 次成绩测试绘制而成的能力分布曲线图。

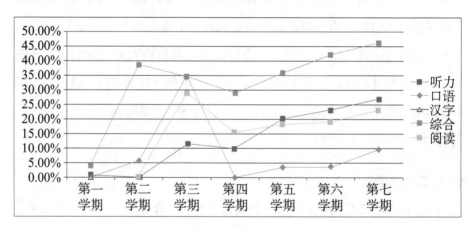

图 1　越南留学生基础汉语测试成绩

4.4 完善审核体制的标准性

一套科学有效的测试，需要在完成命题之后，进行仔细审题（赵成发，2000）。首先要对语言的规范性、考点的覆盖率、语境、语料的合理性进行复查、核对，如中医药类留学生的预科汉语测试就要合理体现《实用中医汉语》教材中列出的三大类（30多小类）以中医知识为中心的项目提纲（术语理解、文化阐述、词义对应等）。其次，要对试题的难度和区分度进行计算，每一部分试题的难度是表征考生解答该题的难易程度的指标（王俊菊、修旭东，2003）。如果大部分试题的难度值较接近，即说明该试卷难以有效地区分；之后，要对考试成绩进行统计分析，与预测进行比对。根据教育统计学原理，考试成绩如果呈正态或近似正态分布，即说明考试比较正常。所谓正态分布，就是成绩曲线呈钟形，中间高，两头低，左右大体对称，见图2。如果分布曲线的峰值向左偏，说明试题偏难；向右偏，说明试题的总体难度偏低。如果分布曲线不近似正态，如出现双峰，左右不对称，峰值特别尖锐，都说明考试成绩不正常。最后，要对不完善之处进行修改、调整。

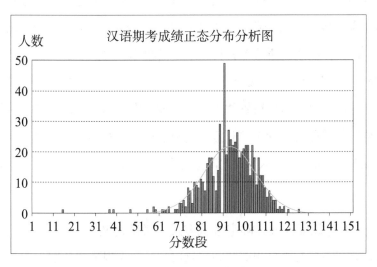

图2 预科汉语测试成绩分布

五、中医院校预科汉语成绩测试的编写步骤

5.1 制定考试大纲

面向中医院校预科汉语学习者制定的考试大纲要突出层级性、针对性

和行为性。在每个阶段所收录的专业词汇、常用句式等都是以出现频率和专业理解为依据，体现级别，并以具体语言行为的形式详细列出。纵向包括词汇、语法、句式、情景话题，横向涉及数量、内容、频率、难度、阶段能力等。词汇部分包括基础词汇和专业词汇，基础词汇指满足流利交流语言需求及辅助专业学习的 1500 多个词汇，涵盖新 HSK4 级词汇 1200 和 5 级词汇 200 个，过渡词汇 100 多个（医学相关场景交际所需）；专业词汇主要分为初级中医词汇和专业中医词汇及部分专业西医词汇，前者 470 个左右，如"人体各器官及其名称，穴位名称、中医院的科室名称"等，后二者共 350 个左右，如"辨证施治，瘀血阻络、气郁化热、湿邪内盛、代谢平衡、局部麻醉、溶栓"等。常用语法句式部分，以新 HSK 考试大纲所划定项目为主，跟专业课常用教材中的高频率语法项目进行比对，确定出适合中医药专业预科汉语的范围内容。如根据留学生第 1 年 4 门专业基础课程（中医基础理论、医古文、影像诊断学、西医）教材，选出高频率、主要语法项目和句式，如"称之为、形容词 ABAB、复杂定语、大主语、小主语"、"把字句、被字句、双宾语句"等。语言运用情景常用词汇，如"中医、针灸、推拿、内科、外科、儿科"等（医院诊疗）；"开方、药方、药剂、药名"等（药房实践）；"辩证、统一、功效、传承"等（课堂讲授）；"药膳、食疗、免疫力"等（保健养生）。

5.2 结合信度与效度因素，确定考试方式和考试题型

考试方式主要有直接测试和间接测两种，其表现形式分别为主观题（造句、听写词组、回答问题等）和客观题（多项选择题、搭配题等）。中医药专业预科汉语成绩测试重在考查学生语言的运用能力，所以我们以主观题为主，如听术语写名称，根据功能描述写药名，阅读患者症状描述，给出诊断和简单的治疗方式等。考试方式确定后再选择题型，在教育评估中不同层次的教育目标需要设计不同的题型。之后再运用 Cronbach's Alpha 系数来检测信度，利用 SPSS 软件计算试卷题型、试卷总体的信度系数，保证其数据是可靠的。

运用 SPSS 中的双变量分析，计算各题型与总分的相关系数、各题型得分与其他课程成绩的相关系数以考察题型效度（陈炜，2010）。现列出根据天津中医药大学实际情况设计试用的中医药专业预科汉语测试题型以供参考。见表1。

表1　中医药专业预科汉语测试题型

类型	听力	阅读	写作
题型大类	看图听句子	选词填空	连词成句
	听情景对话，判断正误	排列句序	看图写故事
	听基础汉语短文	基础汉语短文阅读	命题短文
	听中医汉语短文	中医汉语短文阅读	病例分析
题型小类	音位	文章主旨	段落主题
	声调	文章细节	逻辑关系
	语气	定义关系	习语
	词义	顺承关系	近义词
	人物关系、身份	对应关系	关系复句
	地点、场景	中医思维	比较复句
	时间	中医文化	被动句
	数量	词汇本义	名词
	社会热点	语境词汇	形容词
	自然现象	观点	动词
	段落大意	语气	代词
	中医术语	句式分析	介词
	中医文化		主谓一致

5.3 编制试题、制定评分标准

在确定题型、题量之后，要完成试题内容，即基础汉语知识、专业汉语、语言技能应用三大部分的分配及评分。根据对天津中医药大学留学生一学年汉语学习期间（含暑期培训）的教学内容和多次（6～8次）成绩测试统计可知，其试题内容累计涉及基础汉语词汇1500个左右、语法点30多个、专业术语400多个、医学文献16篇、情景语言应用16项；每次测试的内容不但涵盖了上述三大部分内容，在基础汉语部分还选择了汉语水平三个等级（三、四、五级）的词汇和语法，同时在每种题型中分别加入了1/4～1/2比值的中医文化知识的考核，总分100分。参照传统60%的正确率及格分值，设定预科汉语考试的基准分为60分，并以此为依据，对部分入专业后的留学生学习情况进行了跟踪回访调查。以参加过预科汉语考试的216位越南留学生为例，达到60分以上（含60分）的共计108人，这部分学生在进入专业学习的第1年，对西医、影像诊断学、中医基础理论三门课的接受程度见表2，平均66%的学生对专业课程的掌握程度可以达到50%以上。

表2　成绩在60分以上的学生进入专业学习的情况

学习掌握程度（人）	课程			总比率（%）
	西医	影像诊断学	中医基础理论	
80%以上	0	6	15	6.4
60%-79%	22	33	34	27.5
50%-59%	26	40	38	32.2
30%-49%	14	16	15	13.8
10%-29%	46	13	6	20.1
10%以下	0	0	0	0.0

就评分标准而言（主要面向主观题），应该重点考虑以下几点：（1）基础汉语词汇、语法的正确理解和使用；（2）专业术语的准确解释和表达；（3）表述内容的完整性，具有一定的输出长度；（4）对相关领域现象及文化的合理表现。（5）不同任务形式下的表达连贯性和逻辑性。

5.4 成绩测试平均成绩与 HSK 水平考试等级的关系

采用标准参照测试，可以使学生清楚知晓成绩如何，达到了什么水平，是否可进行专业学习等问题。因此要根据测试结果的数据统计及入专业后的调查访问，暂拟出三者之间的对应关系，由此不断指导完善测试的整体设计和内容安排。根据已经试用 3 年的留学生预科汉语成绩测试试卷分析得出的分值分布及与 HSK 等级的对应关系见表 3。

表 3　预科成绩分值与 HSK 等级

科目	考题	分值	正确率	对应等级	正确率	对应等级	正确率	对应等级	正确率	对应等级
听力	1. 听句子	10	＜60%	新HSK3级以下	≥60%	新HSK3级	≥60%	新HSK4级	＜60%	新HSK3级
	2. 听对话	10	＜60%		＜60%		≥60%		≥60%	
	3. 听短文	20	＜60%		＜60%		＜60%		＜60%	
阅读	1. 选词填空、选择正确位置	20	＜60%	新HSK3级以下	≥60%	新HSK3级	≥60%	新HSK4级	≥60%	新HSK5级以上（包含中医知识）
	2. 排列顺序、语法选择	20	＜60%		≤60%		≥60%		≥60%	
	3. 阅读文章	20	＜60%		≤60%		＜60%		≥60%	

（续表）

科目	考题	分值	正确率	对应等级	正确率	对应等级	正确率	对应等级	正确率	对应等级
写作	1. 连词成句	10	＜ 60%	新HSK3级以下	≥ 60%	新HSK3级	≥ 60%	新HSK4级	＜ 60%	新HSK5级
	2. 看图，用词造句	10	＜ 60%		＜ 60%		≥ 60%		≥ 60%	
	3. 根据给定的词语和结构回答问题	10	＜ 60%		＜ 60%		＜ 60%		＜ 60%	
	4. 看图写故事	10	＜ 60%		＜ 60%		＜ 60%		＜ 60%	
	5. 命题作文	20	＜ 60%		＜ 60%		＜ 60%		＜ 60%	

注：每次测试阅读部分 3 选 2 即可（共计 40 分），写作部分 5 选 2 或 5 选 3 即可（共计 20 分）。

六、结论

预科汉语成绩测试是了解和促进预科汉语教与学的有效途径（陈炜，2010）。我们应当认识到有效实施预科汉语成绩测试的重要性，将其研究作为课程建设和改革的一项重要内容，并且从教学实际出发，不断探索和改革成绩测试的方法，建立适合专门用途的标准规范的测试体系，使之能够更科学地评定中医药专业学生预科汉语学业成绩。

参考文献

常晓宇、魏鹏程 2011 对外汉语成绩测试的题库建设,《语言教学研究》第6期。

陈　炜 2010 对外汉语教学成绩测试效度研究,上海外国语大学硕士学位论文。

崔颂人 2006 略谈对外汉语成绩考试的改进,《语言教学与研究》第4期。

戴海琦 2005 考试题库的制作,《考试研究》第1期。

何　玲 2014 医用汉语成绩测试改革研究,《新疆医科大学学报》第12期。

陆晓红 2008《对外汉语成绩测试试题设计研究》,上海:华东师范大学。

苏剑芳 1999 语言成绩测试内容的确定原则,《广西教育学院学报》第1期。

王俊菊、修旭东 2003 语言测试中信度计算的三种理论模式探讨,《外语与外语教育学》第9期。

行玉华、徐　立、马　静 2012 对中医院校留学生汉语预科教育的现状分析,《天津中医药大学学报》第2期。

赵成发 2000 谈语言测试的信度与效度,《西安外国语学院学报》第1期。

邹　申 2005《语言测试》,上海:上海外语教育出版社。

预科汉语教学研究

面向经贸类本科专业学习的预科生词汇需求分析[*]

——基于微观经济学教材的文本研究

程璐璐[1]　李　由[2]　刘　佳[3]

[1]北京语言大学　[2]伊利诺伊大学　[3]天津中医药大学

摘　要　很多来华留学生都面临着因汉语词汇量不足而导致的专业学习效果不佳的严峻挑战。本文以经贸类本科基础专业课教材《西方经济学》（微观部分·第七版）的文本为研究对象，进行了分词和词频统计，验证了齐夫定律的适用性，提出了经贸类预科留学生的理想词表和补充学习词表。研究结果如下：（1）当前通用汉语教学词汇大纲在专业课教材中的文本覆盖率不足以满足留学生通过阅读充分理解专业文本的需要。（2）《西方经济学》（微观部分·第七版）词表的序位和词频的对数具有线性相关关系，符合齐夫分布，因此应更重视学习专业课教材中的高频词汇。（3）确定了含 1799 个词的理想词表，并基于《预科词表》提出了最简补充学习词表。本研究认为，依据专业方向确定理想词表和补充学习词表，对于优化汉语预科教育教学大纲以及精准筛选和编写教学素材具有一定应用价值。

---

[*] 本文曾发表于《语言教学与研究》2021 年第 1 期，本次收录时做了必要的修改和补充。

关键词　齐夫定律；词汇大纲；理想词表；汉语预科教育；经贸类专业

一、引言

2010 年 9 月，教育部《留学中国计划》提出："到 2020 年，全年在内地高校及中小学校就读的外国留学人员达到 50 万人次，其中接受高等学历教育的留学生达到 15 万人"；2017 年，我国来华留学生突破 48 万人，成为亚洲最大的留学目的地国；2018 年，接受学历教育的外国留学生总计 25.81 万人，占来华生总数的 52.44%，学历生成为来华留学生的主体。[①]

汉语预科教育作为来华学历教育中的基础环节，对提升留学生的专业培养质量具有重要的支撑作用。尽管对本科入学的汉语水平要求越来越高，但在以汉语为主要教学语言的大学专业课堂上，学生难学老师难教的问题仍较突出。特别是进入专业学习的前两年，"一年级啥也听不懂""二年级似懂非懂"[②]，是很多来华学历生的真实状态。汉语水平不足，中外同堂的留学生无法通过课堂教学和中文版专业教材有效获取专业知识，必然影响学历教育的整体质量。这无疑是我们从留学大国走向留学强国的巨大障碍。

沈庶英（2011）指出，在通用汉语的教学大纲指导下进行经贸汉语的教学及教材编写，客观上影响了学科专业建设及教学改革的科学发展。为此，针对经贸汉语本科学历教育研制出了《经贸汉语本科教学词汇大纲》（沈庶英，2012）。该大纲总表共 8127 个词语，对经贸词汇覆盖得非常全面。但是作为一个四年制汉语本科专业的词汇大纲，对于只有 1～2 年时间学习汉语的预科生来说，是不够经济的。那么，对于经贸类专业的预科留学生来说，

---

① 参见教育部官网，网址为：http://www.moe.gov.cn/jyb_xwfb/gzdt_gzdt/s5987/201904/t20190412_377692.html。

② 这是对北京语言大学预科教育学院 2015 届毕业生做随访时学生的反馈。入学时，他们的汉语水平为零基础，经过一学年的学习，通过新 HSK4 级以及中国政府奖学金本科来华留学生预科教育结业考试，进入本科院校不同专业学习。

如果以词汇量为主要衡量标准[①]，需要储备多少词汇、储备哪些词汇，才能满足与中国本科生同堂学习专业知识的需要呢？要想回答这些问题，"唯一科学的解决办法是对教学实际进行实地调查，依据大规模语料库做统计分析，从中找出教学与编写教材的科学依据"（赵金铭，2016）。为了使汉语预科教育更精准地对接专业学习的汉语需求，我们需要对本科专业课程的教材进行文本研究。本文以经贸类专业为例，研究预科留学生进入本科学习前需要掌握多少词汇量以及掌握哪些词汇，才能较好地适应本科入系学习的需要。

二、研究框架

2.1 统计依据

2.1.1 齐夫定律

齐夫定律（Zipf's law）是由哈佛大学的语言学家乔治·金斯利·齐夫（George Kingsley Zipf）发表的实验定律。Zipf（1935，1949）提出，在自然语言文本中，一个词出现的频率（frequency）与它在频率表里的序位（rank）的乘积大致是一个常数。即：$f \times r = c$（1）。

其中，f 为频率，r 为序位，c 为常数。对上述公式进行求对数，那么公式 1 可变换为：$\log f = \log c - \log r$（2）。

由公式 2 可以看出 $\log f$ 和 $\log r$ 的线性相关关系。（参见图 1）

[①] 高彦德等（1993）调查发现，无论是自然科学还是社会科学专业，留学生在专业学习的口语表达和阅读方面的困难，专业词汇都是第一位的。可见，词汇量对学历生专业学习的影响非常大。

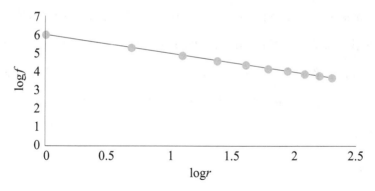

图 1　log *f* 和 log *r* 的线性相关关系示意（图片改自：王洵 1981）

　　根据齐夫定律可以推知：第一，语言中有一小部分词出现的频率极高。第二，绝大部分词出现的频率并不高。第三，在一个按词频排序的词表中，词语的词频下降得非常快，大致从词表一半的位置开始，词语在文本中出现的次数只有一次。（Nation，2016）齐夫定律提示我们，最经济的词表，应根据文本中的词频顺序由高到低来确定，从而用最少的词条来实现最大的文本覆盖率。

2.1.2 生词密度与阅读理解研究

　　首先，阅读文本的生词密度会影响学习者对文本意义的理解。Laufer（1989）的研究表明，已知词汇 95% 的文本覆盖率是阅读理解的门槛。Carver（1990）认为，阅读已知词汇覆盖率为 98% 的文本是相对困难的，99% 才比较适合二语学习者的阅读。Hu & Nation（2000）认为，学习者大约需要 98%的已知词汇覆盖率才能独立地理解小说文本。其次，不同文体的文本在阅读时对生词密度的要求也不同。吴思娜（2015）认为，生词密度对记叙文、叙议文、说明文三种文体的影响不同，其中，对说明文影响最大，这类文体的生词密度应控制在 3% 以内。第三，学习目标导向不同，对于已知词汇覆盖率的要求也有所差别。Nation（2013，2016）指出，以语言为中心的学习（language-focused learning），已知词汇覆盖率以 95% 为宜；而以意义为中心的学习（meaning-focused learning），已知词汇覆盖率最好达到文本的98%。

专业教材文本属于理解难度较大的文体，专业课的学习是以意义为中心的学习。因此，我们假定专业课教材文本中已知词汇的文本覆盖率达到98%，即生词密度不超过2%时，留学生才能较好地以汉语作为工具语言，进行专业知识的学习。

2.2 调查方法

本研究所涉及的经贸类专业包括经济、金融、管理等相关专业。对一些本科院校的调研结果表明，除数学、计算机、外语等公共基础课以外，开设最早、最广泛的专业基础课是微观经济学、宏观经济学以及管理学[①]。尽管三门课在不同院校的授课计划略有不同，但微观经济学作为第一门专业基础课的开设比例最高。先修课程的词汇可以作为后修课程的语言基础，因此，本研究选取开设最早的微观经济学的教材文本作为词汇需求分析的调查对象。

2.2.1 语料来源

微观经济学课程的相关教材数量比较多，我们主要从权威性和广泛性两个方面进行考量，最终选定了高鸿业主编的《西方经济学》（微观部分·第七版）（以下简称《微观》）。《西方经济学》（第七版）分为微观与宏观两册，由教育部高教司组编，高鸿业教授主编，是21世纪经济学系列教材、普通高等教育"十一五"国家级规划教材，由中国人民大学出版社出版。《微观》分册第一版出版于1996年，第七版出版于2018年，截至2019年底，已印刷6次[②]。

我们将《微观》正文第1页至362页的文字内容数字化，并删除其中的

---

① 有些院校，因为对数学要求比较高，第一学期甚至第一学年都不会安排专业主干课。
② 该书出版信息虽然没有标注发行量，但我们根据京东商城的评价总量可知，第七版《微观》分册仅在京东图书自营平台上的销售量就在14100册以上（截至2020年2月）。

图表及标题、脚注以及反复出现的 "（专栏 XXX，请读者扫描本书封面二维码获取。）" 字段，从而得到了本研究的基础语料。

2.2.2 分词处理

我们使用的分词工具是教育部语言文字应用研究所计算语言学研究室研发的语料库在线（www.cncorpus.org）。对初步分词结果的校对，发现了切分歧义和切分颗粒度大小 [1] 两类主要问题。针对切分歧义问题，如 "当行 / 业内"，我们将切分结果修订为 "当 / 行业 / 内"。针对切分颗粒度大小问题，如 "技术改造"，我们进一步切分为 "技术 / 改造"。以双音节分词结果为例，我们对分词结果中，未收录在《汉语水平词汇与汉字等级大纲》（国家汉语水平考试委员会办公室考试中心 2001）（以下简称《等级大纲》）或《HSK 考试大纲》（孔子学院总部 / 国家汉办 2015）（以下简称《考试大纲》）中的词条进行了如下处理：

（1）如该词条为典型专业术语，则视为一个词，如 "原点"。

（2）非术语词条，要判断两个语素是否为自由语素：一是两个语素均为自由语素，则拆分为两个词。如 "一种" 在自动分词结果中被处理为一个词，我们将其切分为 "一""种" 两个词。二是包含黏着语素 [2] 的：a. 如果该黏着语素包含在《等级大纲》内，我们将其拆分为两个单位。如 "误用" 的 "误" 在相关义项下为黏着语素，但收录于《等级大纲》，因此，将此词条拆分为两个单位 "误" 和 "用"。b. 如果该黏着语素不在《等级大纲》内，则整体视为一个词。如 "获益" 的两个语素在相关义项下均为黏着语素，其中 "益" 未出现在大纲内，我们将 "获益" 视为一个词。

---

[1] 严格来说，颗粒度大小的问题在自然语言处理中并不算错误，但由于本研究需要与词汇大纲进行对比分析，因此需要将过大的切分单位进一步切分至合适的单位。
[2] 自由与黏着的判断依据为《现代汉语词典》（第 7 版）凡例中规定的，"5.4 单字条目在现代汉语中成词的标注词类，不成词的语素和非语素字不做标注"（中国社会科学院语言研究所词典编辑室编制 2016，以下简称《现汉》）。

关于多音节条目，《现汉》凡例中明确标注"5.5 多字条目中词组、成语和其他熟语等不做标注，其他标注词类"。因此，分词结果中的多音节条目处理如下：

（1）收录于《现汉》或汉典[①]（www.zdic.net）的成语视为一个词，如"一视同仁""有目共睹"和"以此类推""自给自足"等。

（2）非成语条目：一是在《现汉》中标注词性的处理为词，如"期望值""高尔夫球"。二是收录于《现汉》中的多音节专业术语或者专业概念条目，如果未标注词性，则视为词组并进一步拆分，如"市场经济"继续拆分为"市场"和"经济"两个词。

我们对校对后的语料进行了统计，该语料规模为 291910 字[②]，词种数为 3837 个，总词数为 192033 个。我们将这 3837 个词条组成的词表称为《微观》词表。

三、数据分析

3.1 通用汉语词汇大纲的文本覆盖率

教学和教材编写中应用范围较广的词汇大纲主要有《考试大纲》和《等级大纲》。目前，多数院校的本科入系标准是新 HSK 四级（1200 词）或五级（2500 词），但调查结果显示，大多数一线汉语教师认为，四级或五级水平不足以支撑专业课程学习，5000 词左右（即新 HSK 六级水平）才能较好地满足本科学历教育的需求。

与《微观》文本进行比对发现（见表 1），新 HSK 四级和五级词汇的文本覆盖率仅为 52.47% 和 66.87%。即使掌握一至六级全部 5000 词，覆盖率也

---

① 《现汉》成语词条不是很多，因此以汉典的查询结果作为补充。
② 不含中文标点。

仅为 73.69%。换句话说，按照《考试大纲》词汇大纲的内容和顺序来学习，很难满足经贸类本科学习的需求。

表1　新HSK词汇在《微观》中的覆盖率 [1]

HSK 级别	大纲词条数	覆盖词种数	本级占比	覆盖总词数	文本覆盖率	累计文本覆盖率
一级	150	108	72.00%	48827	25.43%	25.43%
二级	150	103	68.67%	13769	7.17%	32.60%
三级	300	163	54.33%	14094	7.34%	39.94%
四级	600	327	54.50%	24076	12.54%	52.47%
五级	1300	595	45.77%	27644	14.40%	66.87%
六级	2500	621	24.84%	13090	6.82%	73.69%
超纲词	—	1920	—	50533	26.31%	100.00%

即便是包括8822个词条的《等级大纲》词汇大纲，在《微观》文本中的覆盖率也仅为93.50%（见表2），仍达不到前文所述98%的文本覆盖率，难以支撑留学生实现以意义为中心的专业学习。

表2　《等级大纲》词汇在《微观》中的覆盖率

级别	大纲词条数	覆盖词种数	本级占比	覆盖总词数	文本覆盖率	累计文本覆盖率
甲级	1033	621	60.12%	97219	50.63%	50.63%
乙级	2018	883	43.76%	48210	25.11%	75.73%
丙级	2202	560	27.70%	15300	7.97%	83.70%
丁级	3569	688	19.28%	18815	9.80%	93.50%
超纲词	—	1085	—	12489	6.50%	100.00%

---

[1] 姜丽萍（2015）指出，新汉语水平考试选词会默认重组词等特殊情况为学生应会词，比如《考试大纲》中有"茶"和"杯子"，"茶杯"默认是不超纲的词语。我们在统计覆盖率时，只比对大纲内词条，不考虑重组词等特殊情况。

《中国政府奖学金本科来华留学生预科教育结业考试基础汉语常用词汇表》（王佶旻等，2020，以下简称《预科词表》），是专门针对来华留学预科生衔接本科专业学习而研制的。其中，"基本级"1600词，是当前国家奖学金项目预科结业考试的主要依据；"扩展级"1400词是最新修订和增加的内容。表3显示，基本级1600中文，词的覆盖率已经超过了《考试大纲》五级2500词的文本覆盖率；加上扩展级的1400词汇，《预科词表》的覆盖率明显高于《考试大纲》六级5000词的累计覆盖率和《等级大纲》的甲乙级3051词的累计覆盖率。可见，《预科词表》对接专业学习的需求更加精准。

表3　《预科词表》在《微观》中的覆盖率

级别	大纲词条数	覆盖词种数	本级占比	覆盖总词数	文本覆盖率	累计文本覆盖率
基本级	1600	1020	63.75%	128848	67.10%	67.10%
扩展级	1400	662	47.29%	27517	14.33%	81.43%
超纲词	—	2155	—	35668	18.57%	100.00%

但《预科词表》81.43%的文本覆盖率与98%的目标还有较大差距（见表3），我们还需要在此基础上进行一些补充。

3.2《微观》词表与齐夫定律

3.2.1 齐夫定律的适用性

本研究将《微观》词表按照词频降序排列[①]，确定词条的序位。依据齐夫定律，序位和频率取自然对数并制作散点图。其中，$\log r$ 为横轴，$\log f$ 为纵轴。实线是相应的最小二乘回归线。R^2 接近1，表明 $\log r$ 和 $\log f$ 之间的线性关系较为显著，符合齐夫分布的特点（参见图2）。

---

① 词频相同的词语按在文本中出现的顺序排列。

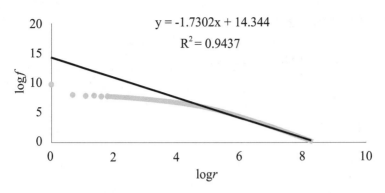

图 2　《微观》词表序位与词频取对数的相关关系

3.2.2 词条分布特征分析

《微观》文本总词数为 192033 个，词表词种数为 3837 个。统计结果表明，《微观》文本中少量高频词的文本覆盖率极高。序位前 10、100、1000 个词条的覆盖率分别为 20.20%、55.78% 和 94.40%。词表中大部分词出现的频率并不高，文本覆盖率极低。序位 1001 起的 2837 个词条的文本覆盖率仅为 5.6%。《微观》词表词频下降速度非常快，序位第 1、第 10、第 100、第 1000 的词条词频分别为 17478、1852、369 和 17，多达 1100 个词条在《微观》文本中仅出现一次。

3.3《微观》学习词表的确定

3.3.1《微观》理想词表

依据齐夫定律，我们可以通过保留高频词、去除低频词的方式，得出一个能够覆盖《微观》文本 98% 的最简词表。

对《微观》词表进行词频累积（参见图 3），第 1758 个词的累积覆盖率刚好达到 98%，这个序位的词落在词频为 5 的序位区间。也就是说，《微观》词表中 $f \geqslant 5$ 的词条（共 1799 个），文本覆盖率可以达到 98%。而 $f \leqslant 4$ 的 2038 个词，在文中的覆盖率还不及 2%。我们将这个 1799 个词的最简词表称为"《微观》理想词表"，包括《预科词表》中的 694 个基本级词语、388 个扩展级词语和 717 个超纲词。

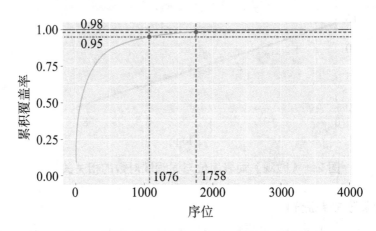

图 3　《微观》词表序位与累积覆盖率的关系

3.3.2《微观》最简补充学习词表

汉语教学的初级阶段主要学习的是满足日常交际需求的通用汉语，因此，我们要结合学习者通用汉语水平的基础找出相应的词汇量差距，进而确定对接本科专业学习的补充学习词表。

以《预科词表》为参照可知，低频词中不仅有超纲词，同样存在相当数量的基本级词汇和扩展级词汇。如果一个留学生在进入本科之前，基础汉语词汇量已经达到了基本级的 1600 词，那么以基本级词汇 67.10% 的覆盖率为基础，按照序位累积扩展级和超纲词的覆盖率，则可以统计出，$f \geqslant 6$ 的扩展级和超纲词加上基本级词汇，刚好满足以最少词条覆盖《微观》文本 98% 的要求。也就是说，补充学习 $f \geqslant 6$ 的 358 个扩展级词和 631 个超纲词，即可使文本覆盖率达到 98%。这 989 个扩展级和超纲词，即为 1600 词汇量为起点的学生需要补充学习的最简词表。同理，如果学生的入系起点是 3000 词汇量，那么，对他来说的最简补充学习词表就是 $f \geqslant 9$ 的 488 个超纲词（参见表 4）。

表4　《微观》理想词表与补充学习词表

词表类型	基本级	扩展级	超纲词	词表总数	补习词数
理想词表	694	388	717	1799	——
1600 基础词表	（1020）	358	631	2009	989
3000 基础词表	（1020）	（662）①	488	2170	488

四、结论

在从留学大国走向留学强国的大背景下，研判本科专业学习的语言需求，优化面向学历教育的教学词表，对完善预科教育标准、保障留学生培养质量至关重要。本研究主要结论如下：

第一，通用汉语教学的词汇大纲无法覆盖专业教材《微观》98% 的文本，满足不了专业学习的词汇量要求。

第二，验证了齐夫定律在《微观》文本中的适用性，并根据 98% 的文本覆盖率，确定了 1799 词的理想词表。

第三，基于通用汉语基础，提出了最简补充学习词表：1600 和 3000 词汇量起点的最简补充学习词表分别为 989 词和 488 词。根据专业方向确定理想词表和补充学习词表，对于优化教学大纲、精准筛选和编写教学素材具有应用价值，并可为提高汉语预科教育质量以及完善本科入学标准提供依据。

在此基础上，我们提出以下建议：

首先，适度提高本科入学的语言门槛。我们需要深入调研专业学习对语言的最低要求，并以此要求为标准，适度调整入学门槛，并提供持续的语言学习支撑，以保证来华留学生学历教育的教学质量。

其次，依据学历教育需求调整和优化汉语预科教学大纲。通用型汉语教学大纲，对于专业学习的针对性不够强，导致语言学习效率低下，而且难以满

---

① 1020、662 是基本级和扩展级在《微观》文本中出现的词种数，参见表3。

足专业学习需求。因此，必须根据本科专业学习的需求，对现有教学大纲进行调整，使预科阶段的汉语教学能够更有针对性，有效地支撑未来的本科教育。

再次，多措并举增加学生的词汇量。为预科生增加面向不同专业方向的泛读课程、教材或分级读物，让学生在进入本科阶段之前，有更多机会和途径接触学术词汇和专业词汇[①]，增加词汇量。针对已经进入本科阶段，但汉语水平满足不了专业课学习的留学生，应根据专业需求提供差异化的汉语补习机会和途径。

如果说"汉语预科教育"是供给侧，"本科专业教育"是需求侧，那么现在迫切需要进行汉语教学的供给侧改革。本文对微观经济学的一本代表性教材所做的文本研究给优化汉语预科教育教学大纲提供了一种新的思路，但若要为经贸类本科专业学习提供强有力的支持，还需对微观经济学这门课的其他教材，以及宏观经济学和管理学等其他专业基础课的教材进行全面的调查分析，对比共性与差异，提高调查结果的可靠性，为完善词汇大纲提供依据。

参考文献

高彦德、李国强、郭 旭 1993《外国人学习与使用汉语情况调查研究报告》，北京：北京语言学院出版社。

国家汉语水平考试委员会办公室考试中心 2001《汉语水平词汇与汉字等级大纲》（修订本），北京：经济科学出版社。

姜丽萍 2015《HSK标准教程》系列教材的编写理念与实践，《国际汉语教学研究》第2期。

孔子学院总部/国家汉办 2015《HSK考试大纲》，北京：人民教育出版社。

李 泉、吕纬青 2012 论专门用途汉语教材编写，第十届国际汉语教学学术

[①] 入系前接触专业词汇并不等同于学习专业知识或者阅读专业文章，而是通过故事、新闻报道等相对通俗的阅读材料来积累具有专业色彩的词汇（李泉、吕纬青2012）。

研讨会（浙江大学，2012 年 6 月 27—6 月 29 日）论文。

沈庶英 2012《经贸汉语本科教学词汇大纲》，北京：北京语言大学出版社。

沈庶英 2011《经贸汉语本科教学词汇大纲》理念及特色分析，《民族教育研
　　究》第 6 期。

王佶旻、黄理兵、郭树军、赵琪凤编著 2020《中国政府奖学金本科来华留
　　学生预科教育结业考试基础汉语常用词汇表》，北京：北京语言大学出
　　版社。

王　洎 1981 最小努力原则与齐夫定律，《情报科学》第 2 期。

吴思娜 2015 生词密度、文体对不同层面二语阅读理解的影响，《汉语学习》
　　第 2 期。

赵金铭 2016 汉语预科教育再认识，《国际汉语教学研究》第 2 期。

Carver, Ronald P. 1990 Predicting accuracy of comprehension from the relative
　　difficulty of the material. *Learning and Individual Differences* 2(4): 405-422.

Hu, Marcella & Paul Nation 2000 Unknown vocabulary density and reading
　　comprehension. *Reading in a Foreign Language* 13(1): 403-430.

Laufer, Batia 1989 What percentage of text-lexis is essential for comprehension?
　　In Christer Lauren & Marianne Nordman (eds.) *Special Language: From
　　Humans Thinking to Thinking Machines*, 316-323. Clevedon: Multilingual
　　Matters.

Nation, Paul 2013 *Learning Vocabulary in Another Language (Second edn)*.
　　Cambridge: Cambridge University Press.

Nation, Paul 2016 *Making and Using Word Lists for Language Learning and
　　Testing*. Amsterdam/Philadelphia:John Benjamins Publishing Company.

Zipf, George K. 1935 *The Psycho-Biology of Language*. Cambridge, MA: The MIT
　　Press.

Zipf, George K.1949 *Human Behavior and the Principle of Least Effort: An
　　Introduction to Human Ecology*. New York: Hafner.

留学生预科汉语模块化教学模式的探索与实践*

李向农　万　莹

华中师范大学

摘　要　我国留学生预科教育起步较晚，采用科学有效的教学模式以提高预科汉语速成教学的整体质量成为重要课题。本文指出预科汉语教学是一种速成教学、能力教学，应以"按阶段分层推进，按模块最大优化"为原则，各模块之间按需优化组合，相互渗透，使预科教学尽可能适应不同学习能力和不同专业目标的需求，以达到圆满完成来华留学预科教育任务的目标。

关键词　留学生预科教育；汉语教学；模块化

一、引言

预科教育是高等教育国际化的重要标志和发展趋势，发达国家为了使留学生能顺利进入大学本科阶段的学习，均设立了预科教育阶段。随着"留学中国"计划的实施，中国政府奖学金来华留学生规模不断扩大，自 2010 年以来，所有中国政府奖学金来华留学本科生均须接受预科教育。由于我国留学生预科教育起步较晚，目前还处在试点摸索阶段，如何采用科学有效的教学模式，以提高预科汉语速成教学的整体质量，这是需要认真研究和努力解决

---

* 本文曾发表于《华中师范大学学报》（人文社会科学版）2013 年第 6 期，本次收录时做了必要的修改和补充。

的问题；同时，多媒体教学手段的运用，网络化信息交流的普及，立体化教材的建设，这些也使得预科汉语教学模式的探索成为当务之急。

二、教学模式与预科汉语教学的特点

2.1 教学模式概说

"教学模式"是教学论的一个科学概念。早在 17 世纪，西方教育学界就开始对教学模式展开研究，夸美纽斯提出的"感知—记忆—理解—判断"模式就是其中的代表。20 世纪以来的"实用主义教学模式""认知发展模式"以及"累积学习模式"的提出丰富了教学模式研究。国内教学模式的研究起步相对较晚，同时，由于对"教学模式"的理解视角的不同，对教学模式的界定也存在着不同的看法。在对外汉语教学研究领域，海内外学者们对对外汉语教学模式进行了诸多有意义的思考和探索。国外如巴黎东方文化语言学院白乐桑提出的"Chinese Recycled"模式（白乐桑，2002）、莫斯科大学亚非学院的汉语言文学教育模式（康德基，1988）、美国明德暑期汉语学校的"明德模式"（施仲谋，1994）、美国 AP 中文教学模式（华美，2004）等。国内有代表性的教学模式主要有：语文分开、集中识字教学模式（张朋朋，1999）；词语集中强化教学模式（陈贤纯，1999）；汉语交际任务教学模式（马箭飞，2000）；口笔语分科，精泛读并举（鲁健骥，2003）等。上述教学模式有不少值得借鉴的地方，但由于预科汉语教学对象、教学要求等方面的特殊性，我们还没有找到一个完全适合于预科汉语教学的教学模式，同时有关留学生预科汉语教学模式的研究成果也并不丰硕。关于预科教学模式研究的专篇论文，笔者以中国知网（CNKI）为例进行了搜索，结果如下：1980 年至 2013 年，在"汉语教学"分支下，以"篇名"为检索项，输入检索词"预科"，查询到的论文数为 361 篇，其中关于民族预科汉语或预科语文教学的论文有两百余篇。因此，无论是从教学实践还是从理论研究来看，预科汉语教学模式的研究势在必行。

2.2 留学生预科汉语教育的特殊性

2005 年国家留学基金委在全国 3 所高校进行预科教育试点，对部分中国政府奖学金来华留学生进行汉语和专业基础课程的补习（2013 年预科教育试点院校增至 8 所）。为保证中国政府奖学金本科来华留学生教育质量、提高奖学金使用效益，教育部于 2009 年 3 月 13 日发出《教育部关于对中国政府奖学金本科来华留学生开展预科教育的通知》(教外来〔2009〕20 号)（下面简称《通知》），决定自 2010 年 9 月 1 日起，所有中国政府奖学金本科来华留学生新生在进入专业学习前均须接受预科教育。

预科留学生的特殊性表现在以下两个方面。

2.2.1 预科汉语教学必须是速成教学

预科留学生是进入本科专业学习前的留学生，预科教育即针对这些留学生进入专业前的教育。基于国内大学除全英文授课外，基本上是采用汉语教学的现实情况，具备一定的汉语交际能力和专业汉语知识是预科留学生顺利进入专业的重要前提。《通知》规定：预科学习要使学生通过 1 ～ 2 学年的学习，在汉语言知识和能力、相关专业知识以及跨文化交际能力等方面达到进入我国高等学校专业阶段学习的基本标准，且对这一标准进行了定性和定量两方面的概括。定性要求是一要使学生具备一定的汉语交际能力和跨文化交际能力，二要使学生具备一定的专业基础知识；定量要求是理工、农医、经济、法学、管理、教育等学科专业汉语水平不得低于 HSK 三级（新 HSK 四级），文学、历史、哲学及中医等学科专业汉语水平不得低于 HSK 六级（新 HSK 五级）。由于预科汉语教学时间短（一学年，不足九个月）、教学内容多、教学目标高，因此不开展速成教学是行不通的。预科汉语教学的速成性表现在：全浸式强化、短时高效、科学优化。换言之，预科汉语速成教学就是在全浸式的语言环境中，通过科学化地调配教学过程中的各种因素，在最短的时间内实现教学效果的最大化。

2.2.2 预科汉语教学必须是能力教学

要达到《通知》规定的教学目标，我们必须完成以下教学任务：（1）基础汉语教学；（2）专业汉语教学；（3）文化知识教学。以上三个教学任务都包含了明确的知识目标与能力目标，具体如表1所示：

表1　预科汉语教学基本内容

教学任务	知识目标	能力目标
基础汉语	语音、汉字、词汇、语法	培养留学生的通用汉语交际能力
专业汉语	数学、物理、化学、医学等	培养留学生在汉语语境中的专业知识学习能力
文化知识	中国国情、中国文化等	培养留学生的跨文化交际能力，了解并热爱中国文化

由表1可看出，无论是基础汉语、专业汉语还是文化知识教学，最终是要落实到使预科留学生具备进入专业学习的学习能力上。因此，预科汉语教学必须是一种能力教学，目标是综合培养留学生的三种能力：通用汉语交际能力、在汉语语境中的专业知识学习能力及跨文化交际能力。

三、模块化教学模式的内容及实施

"模块"在《现代汉语词典（第6版）》中解释为"大型软件系统中的一个具有独立功能的组成部分"[1]，与之相关，预科汉语教学的"模块化"就是由若干个内容不同但相互联系的组件共同构建一个动态的预科教育系统。各

---

[1] 参见中国社会科学院语言研究所词典编辑室，2012《现代汉语词典（第6版）》，北京：商务印书馆。

模块之间按需优化组合，相互渗透，使预科教学尽可能适应不同学习能力和不同专业目标的需求，以达到圆满完成预科教育任务的目的。

3.1 建构主义理论支持下的模块化模式

建构主义学习理论认为学习是一个主动建构的过程。学生不是被动地接受外在信息，而是在教师指导下，根据已有的认知结构对外部新信息进行主动选择与加工，从而建构内部心理表征及新知识的意义。这点同样也适用于预科汉语教学。

首先，预科留学生一般都具有建立在母语或先前学过的外语上的完整的认知结构，学习过程中会自然而然将接收的汉语信息与母语或先前学过的外语进行比对、选择与加工，从而建构起汉语心理表征。因此重新定位教师和学生的角色、转变学习观和教学观以及教学设计、教学方法尤为重要。教师应在教学活动中发挥主导作用、导向作用、支架作用，在教学中发挥组织者、哥伦布式的发现者的作用；学习的本质则是学习主体按照本身已有的经验与知识主动地加以建构，不是简单地由教师传授知识给学生，要变习惯性学习为创造性学习。因此，来华留学生预科教与学活动是在特定的环境下由教师指导的一种建构活动，一个螺旋上升、循环递进的过程，因此教学设计要充分考虑预科留学生原有的知识基础和学习生活经验。

此外，语言习得效果的实现还与教师的教学水平和付出程度、学生的学习态度、方法和努力程度以及学校环境、教学管理制度和水平、现代教育技术的应用、班级和社会风气等有关，教师和管理者应充分调动各种积极因素，实现预科汉语教学目标。

基于上述原因，我们在华中师范大学国际文化交流学院预科部进行了留学生预科汉语模块化教学模式的研究。

3.2 模块化教学模式的原则

留学生预科汉语教学模块化教学实践中，我们始终坚持以"按阶段分层推进，按模块最大优化"为原则。这既可以有效突破传统预科汉语教学的局限性，符合预科留学生实际培养目标，又充分考虑学生的个性化、专业化发展需求。

预科汉语教学既要使学生具备一定的汉语交际能力和跨文化交际能力，又要使学生具备一定的专业基础知识，而同时开展这三方面教学是不可能的，因此我们提出"分阶段分层推进"的策略。具体来说就是第一阶段培养学生的汉语交际能力，第二阶段采取"3+1"的组合方案，培养学生的专业基础知识及跨文化交际能力，进一步提升学生的汉语语言能力（侧重于读写能力的提升）并组织语言文化实践活动，把阶段一、阶段二的课堂学习内容应用到实践活动中去。具体如图1所示：

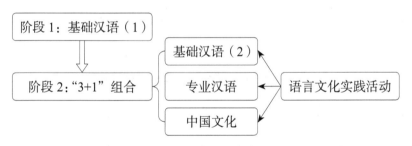

图1 预科教育阶段图

3.3 模块化教学模式的具体内容

本文的模块化教学模式是针对基础汉语教学而提出的适用于来华预科留学生的汉语教学模式。根据《通知》要求，我们努力探索四个模块化：一是课程设置的模块化；二是教材的模块化；三是课堂教学单位的模块化；四是教学形式的模块化。

3.3.1 课程设置的模块化

我们将基础汉语课程体系分为三大教学模块：听说课、读写课、复练课，这三大教学模块共同形成了培养预科留学生的汉语知识网络系统。

"基础汉语"模块课程设置的思路是"化繁为简、合理安排"。"化繁为简"是将课程门类尽量精简，将听说读写技能的训练集中在两门课中，新增复练课，充分体现语言课堂教学"以学生为中心，精讲多练，讲练结合"的原则。因此，"基础汉语"教学模块下设三个子模块：听说课、读写课、复练课。

子模块 1"听说课"与子模块 2"读写课"两者之间是一种并列的结构关系，无强制性先后顺序之分。子模块 1"听说课"、子模块 2"读写课"与子模块 3"复练课"之间是一种线性关系，即顺序结构，如图 2 所示：

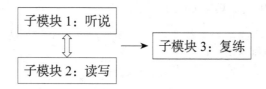

图 2　预科基础汉语教学子模块结构图

每个子模块下又根据每单元教学内容具体到每节课的教学内容，形成微模块，各微模块之间是一种线性关系，即顺序结构，如图 3 所示：

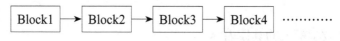

图 3　预科基础汉语教学微模块结构图

3.3.2 教材的模块化

基础汉语教材依据课程设置，分为两套主干教材（听说教程与读写教程）和与之配套的"复练"练习册。这些教材以文字印刷教材为主，同时辅以音频与电子课件，为后续的网络教材的开发、立体化教材建设做准备。

听说教程以功能项目为纲，读写教程以结构为纲，两种课本互相呼应和关照，同时兼顾文化知识的介绍。基本的教学模式是"语文分开，听说领先，识读跟上，重视书写"。在汉语书写过程中，采用手写和电脑输入相结合的学习方法，既提高了学生的学习兴趣，又降低了汉字读写的难度。

3.3.3 课堂教学单位的模块化

"划分教学单位的基本原则是保持教学内容的相对完整性。一般说来，教材中的一课书有相对完整的教学内容，因此内容相对完整的一节课（一般是45～50分钟）或若干节课的教学作为一个教学单位。"（吕必松1996）课程安排上，我们以两节课（90分钟）为内容相对完整的一个教学单位。

教学内容是线性呈现的文字教材，其具体落实则体现在90分钟的课堂教学之中。课堂教学活动中，教师在吃透教材的基础上，根据学生现实接受能力与教学目标，调整教学内容，切合学生由易到难、由浅入深的认知规律。教学活动应围绕课堂教学目的，以听、说、读、写能力训练为子模块，把教材的内容重新进行综合性整合，避免教学模块之间的重复、拖沓，实现教学模块之间的相互补充与衔接。

3.3.4 教学形式的模块化

我们将教学形式分为多媒体与传统课堂两种教学形式。两者既有分工又互相配合。我们坚持以教师为主导，学生为主体，充分发挥多媒体课件的优势，形成多媒体课件、板书与课堂讲授三个子模块的有机结合。

多媒体课件有其自身天然的优势：

（1）形式更丰富多样，文字、图片、音频、视频等多种手段的灵活运用，而不局限于教师一本书、一支笔、一块黑板的传统课堂教学形式，能活跃课堂气氛，吸引学生的注意力，激发学生学习汉语的兴趣。

（2）讲解更直观，更形象，有利于控制课堂教学中媒介语的使用频率。

（3）高效率利用有限的课堂教学时间，节约了教师板书时间，同时避免了因板书时间过长而导致的课堂教学环节之间的不流畅。

（4）多媒体课件的素材具有可组合性，可以根据教学环节的设计多次合理运用，弥补了传统板书不可跨时空重复使用的缺憾。

同时，我们也认识到多媒体课件存在的不足：

（1）多媒体课件的制作往往具有范式化的特点，一个多媒体课件往往是由多个模块组成的，难以做到模块与模块之间的交叉与融合。

（2）虽然多媒体课件实现了图片、音频、视频的整合，但在汉语教学设计中，仅做到了单个语言点（词汇、语法项目）展示的立体化，在其展示过程中，词与词之间、语言点与语言点之间始终以线性的形式先后呈现在学生面前，不能做到像传统板书那样多个词语、多个语言点或者一个语言点全部讲解过程的分步、完整、实时呈现，不利于学生的整体把握。

因此，过度依赖多媒体课件，会导致教师与学生间的互动减少，使得师生互动、生生互动难以落到实处，见图4：

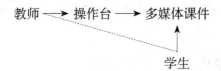

图 4　教师、学生与多媒体课件关系图示

图4中，我们可以看到，如果不合理地控制多媒体课件的运用，那么课堂上将会出现的局面是：教师面对的是操作台，学生直接面对的是多媒体课件，师生间的互动成为空谈，另外，课本也变得可有可无，不利于学生课后利用课本进行复习巩固。

因此，课堂教学中引入多媒体教学，一定要把握住使用的合理度，既发挥多媒体课件的优势，同时，要坚持以教师为主导，学生为主体的原则，教学内容的有机融合，使得整个语言教学活动落到实处，具体方法为：

多媒体课件重认读，重练习，以输入大量语言材料来提高课堂活动的效率。多媒体课件在帮助学生认读生词、认读课文、复述课文及处理课后练习等方面起到积极的作用。

传统课堂教学形式中的板书与讲解要发挥教师的主导作用，把课本中讲练内容进行有机整合，精讲多练，做到当堂识记当堂消化，着力提高学生听、说及认读能力。

综上所述，预科汉语教学模块化模式具有立体化、灵活性、动态化、实践性强等特点，各大模块相互渗透、相互关联，各子模块间可根据教学内容、教学对象，实现实时灵活组合（如图5所示），使得预科汉语教学在集体教学、强调共性的基础上，突出学生的个性，因材施教，从而激发、维持学生的学习兴趣，提高教学效果。

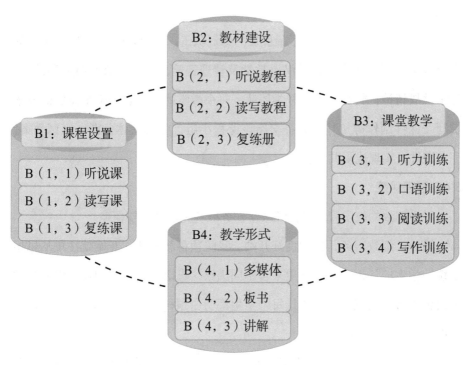

图5　立体式模块教学模式

3.4 模块化教学模式的实施

我们从制度、师资及管理三个方面来保障模块化教学模式的切实执行。

3.4.1 制度保障

为保障预科教育顺利进行，在教学管理中做到有章可循，同时，确保管理的规范化、程序化，我们制定了学生、教师两本教学管理守则，即《华中师范大学国际文化交流学院中国政府奖学金预科留学生学习守则》（下面简称《学习守则》）、《华中师范大学国际文化交流学院中国政府奖学金预科留学生教育教师工作守则》（下面简称《工作守则》）。《学习守则》逐条细化了对学生学习纪律的要求以及奖惩措施；《工作守则》明确了预科教师的工作职责及工作流程，还包括问题出现时的处理流程等内容。

3.4.2 师资保障

首先，我院预科部配备了最优良的师资队伍，任课教师都是 30 岁出头的青年教师，既有丰富的预科汉语教学及管理经验，又有充沛的精力和活力，富于挑战精神；其次，组建教学团队，每个教学团队负责若干个模块的教案撰写、课件制作等工作，并提交给该课程小组，参与集体备课、修订教案，完善课件，实现成果共享。

3.4.3 管理保障

科学细致的教学管理是保证教学任务顺利完成的重要保障。

第一，细致服务，树立良好开端。我院预科教育从一开始就注重从思想上统一学生的认识，由于学生来自不同国家，母语不同。我们在开学的时候分语种进行学前宣讲，力求让每个学生都明白预科学习的目标，学院的规章制度，出勤的重要性等等。

第二，建立班主任全程负责制。一位班主任老师自始至终负责一个班，最大限度地激励每一位班主任老师尽自己最大努力管理好自己的班级，抓好本班教学质量。

第三，建立"预科部主任—留管干部—分管副院长"多级谈话制。学生如有无故旷课、缺勤严重等情况，班主任老师先谈话，谈话无效的情况下，预科部主任、留管干部、分管副院长逐级约谈，让学生意识到问题的严重性。

第四，教学管理网络化。我院实现了预科留学生管理信息网络化。任课教师可网上记载、查询学生出勤情况，可网上录入学生考试成绩；班主任、教研室主任可网上查询本班、本教研室所管理班级各门课程学生出勤情况；学生可网上查询个人每门课程出勤情况、考试成绩，并打印。

四、推行模块化教学模式的效果

作为八所预科试点院校之一，我校从 2009 年开始承担中国政府奖学金本科来华留学生预科汉语教学任务。三年来，我校预科教育合格率逐年提高。2009—2010 学年，我校预科教育考核合格率刚到 50%；2010—2011 学年我们提出了预科汉语模块化教学模式，合格率达到 92.2%，同比增长 40% 多；2011—2012 学年，我们进一步完善和推行模块化教学模式，合格率达到 98.2%。

本教学模式是以新 HSK 四级大纲为标准的基础速成汉语教学，因此这里笔者仅对新 HSK 四级考试成绩进行统计分析，以保证统计数据的真实可信。这两届预科留学生新 HSK 四级成绩统计分析详见表 2 至表 4。

4.1 数据统计结果

表2 2010—2011学年新HSK四级描述统计量

项目	N统计量（人）	全距统计量	极小值统计量	极大值统计量	均值		标准差统计量	方差统计量	偏度		峰度	
					统计量	标准误			统计量	标准误	统计量	标准误
听力	92	66	29	95	79.99	1.213	11.701	136.902	−1.641	0.250	3.923	0.495
阅读	92	77	19	96	74.14	1.503	14.493	210.056	−1.046	0.250	1.849	0.495
写作	92	59	33	92	65.90	1.488	14.354	206.023	−0.434	0.250	−0.296	0.495
总分	92	167	112	279	220.78	3.383	32.627	1064.497	−0.840	0.250	1.323	0.495

表3 2010—2011学年、2011—2012学年新HSK四级成绩

均值的95%置信区间

项目	2010—2011学年		2011—2012学年	
	均值的95%置信区间		均值的95%置信区间	
	下限	上限	下限	上限
听力	77.58	82.40	78.52	81.16
阅读	71.15	77.12	74.78	78.08
写作	62.95	68.86	70.77	74.35
总分	214.07	227.50	225.81	233.73

154

表4 2011—2012 学年新 HSK 四级成绩描述统计量

项目	N 统计量	全距统计量	极小值统计量	极大值统计量	均值		标准差统计量	方差统计量	偏度		峰度	
					统计量	标准误			统计量	标准误	统计量	标准误
听力	171	42	54	96	79.84	0.670	8.782	77.131	−0.500	0.185	−0.230	0.368
阅读	171	47	49	96	76.43	0.834	10.943	119.744	−0.578	0.185	−0.378	0.368
写作	171	58	40	98	72.56	0.906	11.881	141.160	0.028	0.185	−0.295	0.368
总分	171	121	166	287	229.77	2.006	26.302	691.805	−0.006	0.185	−0.698	0.368

4.2 统计结果说明

表2样本容量是92，表明有92名预科生参加了新 HSK 四级考试，听力、阅读、写作最高分与最低分之间全距差值分别是66，77，59，全距越大，高分与低分间的差距越大；听力、阅读、写作分数的均值分别是79.99、74.14、65.90，表明听力、阅读、写作平均分均在及格线（60分）以上；峰度小于3，表明好成绩不是很多。

表3中95%的置信区间说明统计的有效值比较多，表明统计结果是比较准确的。

表4样本容量是171，表明有171名预科生参加了新 HSK 四级考试，全距分别是42，47，58，比表2的小，这说明高分与低分间的差距较表2的小。听力、阅读、写作分数的均值是79.84、76.43、72.56，比表2的略好。

综合对比表明：（1）样本容量加大，精度更准确；（2）全距缩小，表明2012—2013 学年最好的学生和最差的学生的分数差距（特别是听力和阅读部分）较 2010—2011 学年明显缩小；（3）均值略有提高，但不明显；标准差明显缩小，偏差变动不明显。综合来看，这种教学模式表明学生成绩在去年基础上进步很快，更多的学生集中到平均分附近。可见，预科汉语教学模块化教学模式是行之有效的。

我们预科汉语教学模式的改革紧紧围绕预科留学生培养目标，着眼于留学生专业学习能力的培养。经过两年的教学探索与实践，取得了一定的成效。今后，我们拟建立汉语自主学习中心，培养学生自主学习能力，并搭建网络汉语教与学的平台，做到分层教学，体现个性化学习，使预科汉语教学实现"个性化、协作化、模块化和超文本化"的发展目标（胡壮麟，2004）。

参考文献

白乐桑 2002《说字解词》，北京：北京大学出版社。

陈贤纯 1999《语言文化教学研究集刊》（三），北京：华语教学出版社。

胡壮麟 2004 英语教学的个性化、协作化、模块化和超文本化——谈《教学要求》的基本理念，《外语教学与研究》第 5 期。

华　美 2004 汉语将进入美国 AP 课程，《课程·教材·教法》第 4 期。

康德基 1988 莫斯科大学亚非学院的汉语教学，《世界汉语教学》第 4 期。

鲁健骥 2003 口笔语分科　精泛读并举——对外汉语教学改进模式构想，《世界汉语教学》。

吕必松 1996《对外汉语教学概论（讲义）》，北京：国家汉办内部刊印。

马箭飞 2000 新模式——以交际任务为基础的汉语短期教学，《世界汉语教学》第 3 期。

施仲谋 1994 明德中文暑校经验的启示，《世界汉语教学》第 1 期。

张朋朋 1999《汉语速成教学研究》，北京：华语教学出版社。

试论面向来华留学生预科教育的
专用汉语研究*

董　杰　韩志刚

天津大学

摘　要　面向来华留学生预科教育的专用汉语研究可以在 ESP 理论框架下进行，研究课题有特定语域的语言要素分析、功能项目研究、语境分析以及专用汉语与通用汉语的关系研究等四个方面，研究应采用限定语域、量化分析、对比分析等方法。专用汉语研究是预科汉语教育实现规范化、科学化的基础。

关键词　预科教育；专用汉语；ESP 理论

一、引言

中国政府奖学金来华留学生预科教育始于 20 世纪 50 年代初。进入 21 世纪，为适应新的形势，教育部国际司及国家留学基金委于 2005 年启动了中国政府奖学金本科来华留学生预科教育改革试点工作，选择天津大学和南京师范大学作为试点院校。经过八九年的发展，试点院校由最初的两所增加到如今的八所。

九年来，预科教育试点工作取得了一定的成效：确定了预科学制，制定了预科教学大纲，构建了完备的、比较科学的预科课程体系，编写了部分预科教育系列专用教材，统一的预科结业考核标准也在积极研制当中。但也应该承认，我们的预科教育研究工作基础还非常薄弱，有很多问题还有待进

---

* 本文曾发表于《语言教学与研究》2014 年第 4 期，本次收录时做了必要的修改和补充。

一步研究解决。有学者已经指出现行预科教育教学大纲在对象界定、培养目标确定、总学时安排、课程设置等方面存在不足，需要修订和完善（许涓，2012）；预科专业汉语考试大纲还停留在课程考试的层面上，需要最终转变为专业汉语水平考试大纲；预科专用教材虽然初具规模，但其科学性、适用性还有待进一步提高。

教学大纲如何修订，专业汉语水平考试大纲如何制定，专用汉语教材如何编写，要解决这些问题，固然需要相关科学理论的指导，但更需要相关的基础性研究成果的有力支撑。可以说基础性研究仍然是预科教育研究中的一个薄弱环节，面向预科教育的专用汉语研究就是基础性研究的重要内容。本文在 ESP 教学理论框架下，探讨面向预科教育的专门用途汉语研究需关注的课题、研究难点和应采用的方法。

二、ESP 理论与预科专用汉语研究

ESP（English for Special Purpose，专门用途英语）理论是 20 世纪六七十年代形成的一种外语教学理念和教学途径，它是相对于 EGP（English for General Purpose，通用英语）教学而言的。ESP 有四个特点：课程设置必须满足学生的特殊需要；课程内容必须与某些特定的学科、职业和活动有关；教学侧重点应该放在尽力使词汇、句法、篇章结构以及语义结构等诸方面都适用那些特定场合的语言运用；必须与一般用途英语形成鲜明的对照（周平、韩玲，2007）。它经历了语域分析、修辞或语篇分析、目标情景分析、技巧与策略分析和以学习为中心等五个发展阶段，其精髓是分析和满足不同学习者的不同需要（程世禄、张国扬，1995）。

需要特别指出的是，ESP 是建立在深入而扎实的学术研究和教学研究基础上的一种教学途径，而不是一种教学方法，更不是授课技艺。ESP 研究课题既包括对专用英语的词汇、句式、篇章等语言表层特点的研究，也包括对

专用英语特定的交际情景、交际技能、思维规律、学习规律等的研究，这些研究最终为制定专用英语教学大纲和编写专用英语教材服务。

ESP 理论对于对外汉语教学具有重要借鉴意义。汉语作为外语的教学也可区分为通用汉语教学和专门用途汉语教学。李泉（2011）把专门用途汉语又区分为专业汉语和业务汉语两大类，前者指理科、工科、中西医、文史哲、政经法等专业学科使用的汉语，后者指外交、外贸、媒体、军事、旅游、工程、公司、航空、酒店、办公室、商务、金融、经贸等特定业务、特定场合、特定环境中使用的汉语。预科教育中的专用汉语是指为预科培养目标服务的专业汉语。

预科教育所需的专业汉语有两个突出特点。第一个特点是分门别类的专业性。预科留学生应具备的汉语能力主要是听懂专业课读懂专业书的特殊汉语能力，专业门类不同的学生所亟需的是与其所学专业密切相关的那些汉语知识。目前预科生分为理工类、农医类、经贸类等，预科专用汉语也因此而分为科技汉语、医学汉语、经贸汉语等不同门类。第二个特点是相对封闭的初级性。由于预科教育学制为一年，而预科留学生入学时汉语水平起点普遍很低——零起点学生占到 80% 以上，有一定汉语基础的学生不足 20%。以天津大学预科生情况为例，2009—2013 年五届预科生总数 644 名，入学时汉语基础为零的学生 539 名，占 83.7%，学过 3 ～ 6 个月汉语的学生 105 名，占 16.3%。预科学习期限短、学生汉语水平起点低，两者决定了预科教育的专业汉语教学内容不能是不加筛选的专业性很强的汉语，而必须是经过科学提炼的项目数量有限的最基础最初级的专业汉语。

目前，来华留学生预科教育中的汉语教学既有通用汉语教学内容，又有专用汉语教学内容，既要培养留学生在中国生活所必需的基本的汉语交际能力，更要培养他们将来进入专业院校学习专业知识所需的专门汉语的基本能力。通用汉语教学固然重要，但是专用汉语教学却是预科汉语教学的特色所在，也是预科汉语教学的本质所在。预科专用汉语教学的质量如何是衡量我们预科汉语教学质量的重要指标之一。

预科教育中的科技汉语、医学汉语、经贸汉语等汉语课程是为了满足预科学生的特殊需要而设置的，这些课程与学生将要攻读的特定专业学科有密切关系，教学侧重点也与各专业语言实际运用的情况相符合，并且与通用汉语有明显的区别——这些方面完全符合 ESP 理论所界定的专门用途语言应具备的四个特点，因此它们属于专门用途语言教学的范畴。随着来华留学生人数的不断增加，教育规模越来越大，预科汉语教育拓展出法律汉语、生物汉语、农业汉语等其他门类当是发展的趋势。

面向预科教育的专用汉语研究是指这样的研究：（1）研究对象是与预科学生将来所学专业相关的领域中实际使用的那些汉语；（2）研究的主要内容是各专业领域所使用的汉语各个层面的具体特点；（3）研究宗旨是为预科教育的总体培养目标服务，即为制定预科教学大纲、编写预科教材、研制预科专业汉语考试大纲提供基础性的科学依据。

三、预科专用汉语研究的课题

实施专门用途语言教学的前提与基础是需求分析（张黎，2006）。预科专用汉语研究要紧紧围绕预科学生的"需求分析"来展开。预科留学生在中国生活和进入专业学习到底需要哪些语言知识和语言能力，我们只有一个大概的了解，这种了解还停留在经验感知的层次上，缺乏客观的调查数据的支持。预科专用汉语研究需要研究的问题至少应包括以下几个方面。

3.1 专用汉语的语言要素研究

对专用汉语语言要素进行调查分析是一项基础性工作，这属于 ESP 理论中"语域分析"的范畴，只有对特定语域的专用汉语各要素的总量、类别、频率等有了清楚的了解，预科教育专用汉语教学才有可能实现规范化、标准化、科学化。语言要素研究应该包括词语分析、固定格式分析、句型句式分析等内容。

3.1.1 词语分析

（一）词语总量统计。特定语域中专用汉语的词语分析应该首先有词语总量统计。这里的词语指词位（type）而不是词例（token），如"各种物质的密度是一定的，不同物质的密度一般不同"这个复句中，"物质"出现两次是两个词例，"的"出现三次是三个词例，但"物质"和"的"都只能算是一个词位。

统计词语总量首先要确立词项，区分"词"与"非词"的界限。在词汇学研究中确定"词"与"非词"是个"老大难"问题，在做词语统计时也不得不面对这个问题。如"变为"算一个词呢，还是分成"变"和"为"两个词？"波动、波动性、波动力学"应该确立为三个词项呢，还是确立为"波动、波动性、力学"或者"波动、性、力学"来进行统计？不同的确认方法，统计结果会大不相同。确立词项是一个理论、性技术性很强的环节，必须有明确统一而且符合词汇学理论的标准。制定确立词项的标准是需要认真研究的问题。

（二）词语语域分布。词语的使用领域称为语域。调查词语的使用情况应该有明确的语域意识，因为语域不同，使用的词语一定有所不同，同一个词语在不同语域使用的频度也一定不同，因此考察的语域不同，调查的结果也会有很大的不同。我们需要确切知道在特定语域中各个词语使用频度的高低。

词语的语域分布考察可以有两种分析角度：一种是宏观上考察某一特定语域使用了哪些词语，一种是微观上考察某一具体词语分布的语域是广泛还是狭窄。比如"数"和"图"两个词在数学、物理、化学、计算机各专业教材中都是高频使用，其分布语域非常广泛；而"反应"和"液"两个词集中在化学教材中出现，物理教材中使用率很低，数学教材中则几乎不用，这两个词的语域分布就很狭窄。搞清楚每个词语的语域分布情况，再结合词语频率排序，可以看出一个词语在教学中的价值。

（三）词语合理分类。专用汉语文本中词语的性质是比较复杂的，功能很不相同，有些主要承载着语言信息，有些主要承载着专业知识信息，有些是通用词，有些是特定语体词。合理区分一定语域中词语不同的类别，对于专用汉语教学来说是非常必要的。韩志刚、董杰（2010）曾经根据词语分布领域的不同对科技汉语语体中的词语做过大致分类，把科技语体中的词语分为四个层次类别：汉语基础词语、书面通用词语、半科技词语和科技词语。

专业汉语中专业术语是一个非常突出的类别，很多语言教师对专用汉语教学有畏难情绪，认为自己没有专业知识，根本教不了这门课程。存在这种担心的一个主要原因就是对专用汉语中不同性质的词语认识不清楚，尤其是对专业术语与非术语的区别认识模糊。术语是人类科学知识的语言投射（李宇明，2003），是表达某学科、技术领域内的科学概念的词或语。术语有单义性、科学性、专业性、系统性（王吉辉，1992）。术语的本质特点是表达科学概念、反映专业科学知识，需要特定的专业知识才能准确理解其意义，或者说术语的意义就是专业知识。术语的专业性程度有高有低，专业程度越高，语域分布越狭窄，其意义就越需要相应的专业知识才能理解，如物理学的重力、弹力、标量、矢量、线速度、角速度，化学中的单质、电解质、化合物、多元酸等。有些词语貌似术语，其实只是反映某行业某领域特有事物和现象的标志，不需要特定的专业知识也能理解，例如采购、亏损、晚点、硬座、鼠标，这些词语不需要专业知识也能理解。把这些貌似专业术语的行业词语、职业词语与真正的专业术语进行合理的区分，使语言知识归语言知识，专业知识归专业知识，对于语言教师和专业教师分清各自应承担的教学责任有重要意义。

（四）词频分析与根字分析。词频统计、词频排序是与词量分析、词语类别分析、语域分析密切相关的一个重要分析项目。任何一个语域分析都必须有词语总量统计和词频排序这两个基本要素。词频统计是专用汉语词语分析的主要内容之一。有了客观、准确的词频排序，各个词语在教学中的价值才能比较直观地显现出来。

字频统计虽然也很重要，但是由于汉字与词不是简单的构成与被构成的关系，汉字所代表的语素有的能独立成词，一个字就是一个词，如"水、火、气、长、短、冷、热"；有的一个字所代表的语素不能独立成词，只能作为构词要素构成词语来运用，如"液、固、态"。独立成词的字与作为构词成分的字处在不同层次上，它们在语言中的价值是不同的。字频统计要点有三：（1）以某语域的全部语料为统计范围；（2）不区分字在语言的中的层次，对独立成词字和构词成分字一视同仁；（3）统计结果反映某一语域中的汉字总体使用情况。根字的构词能力分析则以字为单位，考察其构成新词的能力强弱或者说能产性的强弱。根字分析要点是：（1）以某个总词表为统计范围；（2）只统计词素层面的汉字频率；（3）统计结果反映一个汉字所代表的语素在特定语域构词能力的大小。从对教学价值大小的角度衡量，根字构词能力统计更为重要。杜厚文（1982）曾经列举过构成科技术语常见的前缀和后缀，前缀如"反、超、非、相、单、被、多、总、类、准、半、自、过、分、第、逆、不、无"，后缀如"性、度、力、化、体、子、质、剂、物、法、式、学、系、量、论、炎、素、计、仪、器、机、表"。从词汇学角度看，说这些字代表的语素是词缀未必合适，但它们确实具有极强的构词能力，我们可以把那些有一定构词能力的字称为"根字"，根据其构词能力的强弱，统计出一个根字构词能力表。掌握一个构词能力强的字，可以举一反三，对一组词语的掌握都会有帮助。这样的研究结果对于汉语教学更有意义。

3.1.2 固定格式分析

专用汉语尤其是书面的专业汉语中存在大量的固定表达格式，它们由一定的词语通过固定同现的方式构成，表达某种固定的意思或者固定意义关系，使用率高，在教学中有较大价值。专用汉语中固定格式可以分为两大类。一类是固定用语，如"总而言之、依此类推、同理可证、统称为、如上所述、究其原因、尽可能、称之为、称其为、反之亦然、反过来"等。一类是语块框架，就是两个或几个词语常常间隔同现，嵌入其他词语就可以构成某类语义关系相同或相似的语块。例如：对（于）……而言（来说/来讲）、比较……可知、从……可知（可得）、介于……之间、就……而言（来看/来说）、如……所（述/示）、以……为……、把（将）……V为（作/成）……。此类框架多以某个虚词为标记，形成一个框架族，最突出的有"在、从、对、跟、如、为、以、用、由、与"等介词框架族群。

确定上述两类固定格式的固定用语比较容易，但如何合理界定语块框架则比较困难，因为语块框架不是语言的实体单位，中间可嵌入成分比较复杂，框架本身的组成成分常常有多个变体。合理确定固定格式也是一项基础性研究工作，只有合理确定了固定格式项目，才能得出科学可信的固定格式总量表，从而进一步进行固定格式的频率统计。

3.1.3 句型、句式分析

汉语的基本句型、句式数量是有限的，但不同语域中某个句型、句式的使用频率却相差悬殊。关于科技汉语句式上的特点，前人已有一定研究，如杜厚文（1981）就指出科技汉语多用陈述句，不用感叹句，特殊情况才用祈使句、疑问句，单句复杂化——长定语长状语、并列结构作句子成分，大量应用复句等语法特点。李裕德（1985）也为我们提供了很好的研究基础。但前人的研究多是描述性的定性研究，缺少统计性的量化研究。

预科专用汉语也需要考察各个句型、句式在特定语域中使用的情况，哪些句型、句式是不用的，哪些是低频使用的，哪些是高频使用的，应该有个客观的统计。研究的结果应该形成某语域各种句型、句式的频度表。

3.2 专用汉语的功能项目研究

语言功能项目的研究是伴随着语言功能教学法的产生而展开的，功能教学法以"培养学习者的语言交际能力"为核心目标，围绕这一目标对体现语言交际能力的各项交际功能进行分析和提炼，编制功能项目大纲（张晓慧、李扬，2008）。对外汉语教学界通用汉语已经有《对外汉语教学初级阶段功能大纲》（杨寄洲，1999）、《对外汉语教学中高级阶段功能大纲》（赵建华，1999），专用汉语有《商务汉语考试大纲》中的"商务汉语交际功能项目表"（中国国家汉语国际推广领导小组办公室、北京大学商务汉语考试研发办公室，2006）等多种功能项目大纲，而面向留学生预科教育的专用汉语功能大纲还是空白。

预科留学生所需的专业语言能力与通常所说的语言交际能力有较大区别，主要区别有二：一是汉语能力的专业性，是指在科技、医学、经贸、法律等某一专业领域的汉语能力，不是泛泛的汉语交际能力；二是听说读写四种能力中，更侧重输入能力——听懂专业课、读懂专业书。当然，预科留学生也需要一定的语言输出能力，如讨论学业问题，提出学业疑问等能力，不过这些都是次要的，听的能力、读的能力才是最重要的。

从预科学生语言能力的专业性、输入性特点出发，预科专用汉语功能项目的抽象提炼应把重点放在专业语言文本中语言本身的意念功能方面，而不是交际功能方面。韩志刚（2012）尝试提炼过数理关系、图形之间的关系、定义与说明、位置与方向、异同与比例、运算与操作、指令与要求、分类与举例等十几个功能项目。这种提炼是不是科学，是不是全面，如何分级细化，如何整理得更为科学、系统、符合逻辑，还需要进一步研究。

同样，医学汉语、经贸汉语功能项目有哪些，如何抽象提炼，都是需要研究的课题。

3.3 专用汉语的语境分析研究

预科专用汉语的使用环境主要在学校课堂，但也不是说完全局限于课堂。对专用汉语进行语境分析，可以包括课堂交际环境、实验室交际环境、门诊实习环境等。

语境分析应该对特定语境中使用的语言进行客观记录，例如：记录在专业课课堂上、在实验室里教师与学生之间、学生与学生之间就专业知识话题交流时的话语，记录医院门诊医生和患者之间的交流话语等，建立特定语域的语料库，然后做分析处理，分析出特定语境中某种专用汉语使用的情况，涉及特定的交际功能和技巧，以此为依据补充专用汉语功能项目。

3.4 专用汉语与通用汉语的关系研究

目前我国预科教育中汉语教学的内容既有通用汉语也有专用汉语，而且通用汉语所占的课时量往往远大于专用汉语课时量。南京师范大学（经管类）、天津大学（理工类）、山东大学（医学类）制定的教学大纲所设定的课时如表 1 。

表 1　教学大纲所设定的课时

课程类别	通用汉语	专用汉语（经管类）	专用汉语（理工类）	专用汉语（医学类）
总学时数	805	117	204	27
通 / 专比例	/	6.88：1	3.95：1	29.81：1

不同大类的专用汉语学时与通用汉语学时比例相差悬殊。这样设置学时的依据是？这样的比例是否合理？要做到合理设置两类课程的学时比例，离不开对汉语的基础研究。我们需要知道各类专用汉语跟通用汉语是什么关系，专用汉语与通用汉语有哪些知识和技能是共同的，有哪些知识和技能是不同的。我们需要研究专用汉语跟通用汉语之间的交集、共核，也需要知道

共核之外有哪些差异。只有这样，我们才能合理或比较合理地安排通用汉语和专用汉语的学习内容，才能比较科学地制定某一门类的专用汉语考试大纲。

四、预科专用汉语研究的方法

4.1 限定语域

预科专用汉语要培养的是留学生进入专业学习所需的汉语能力，而学生所学专业门类各种各样，从理论上说，专用汉语划分越细致，教学的针对性就越强。我们研究专用汉语应该特别强调"限定语域"，严格以不同专业语域来进行统计研究。先分别统计研究，比如，理工科汉语研究，要分数学专业、化学专业、物理专业、计算机专业等。统计研究时分得细一些，等分语域研究结果出来后，可以根据需要对相关相近专业进行合并研究，求取它们的交集。

4.2 量化分析

鉴于目前我国来华留学生预科教育学制仅为一年，而且预科学生汉语水平普遍较低，在有限的教学时间内，理应教授他们和专业相关的最常用最基本的汉语词语和格式、句式等。但是要弄清专用汉语里哪些词语、哪些格式和句式是最常用最基本的，就必须有量化的调查数据。这就决定了预科专用汉语研究必须采取量化分析的方法，必须获得专用语域中各种语言要素的统计数据，这样才能对教学有切实的帮助和指导作用。以物理学科为例，在大学阶段教科书中使用的词语总量是多少，每个词语的使用频度是多少，固定格式、句式有多少，每个格式、句式的使用频度如何等，有了确切的统计数据，才能科学地确定在预科教育阶段专用汉语教哪些内容是最必要最经济的，才有可能实现专用汉语教学效果的最优化。

4.3 对比分析

对比分析，是要比较专用汉语和通用汉语的异同，对比相邻相近学科专用汉语之间的异同。目前预科汉语教学包括通用汉语和专用汉语的内容，两者之间在语言要素、功能项目等方面有何共同之处，有何差异，共同之处有多少，差异到什么程度，都需要对比分析方可搞清。比如，作为通用基础汉语的新 HSK 四级 1200 个词语与理工科、医科、经贸科等学科教科书上的汉语词汇有多少是共同的，有多少是不同的，只有通过对比分析得出客观结果，才能有把握地在专业汉语水平考试中涵盖普通汉语水平，实现专业汉语水平测试对普通汉语水平的兼容。

参考文献

程世禄、张国扬 1995 ESP 教学的理论和实践，《外语教学与研究》第 4 期。

杜厚文 1981 汉语科技文体的语言特点，《语言教学与研究》第 2 期。

杜厚文 1982 科技术语的构成方法，《语言教学与研究》第 2 期。

韩志刚 2012《科技汉语听说教程》，北京：北京语言大学出版社。

韩志刚、董　杰 2010 科技汉语教材编写中的选词问题，《文教资料》第 9 期。

李　泉 2011 论专门用途汉语教学，《语言文字应用》第 3 期。

李宇明 2003 术语论，《语言科学》第 2 期。

李裕德 1985《科技汉语语法》，北京：冶金工业出版社。

王吉辉 1992 术语性质浅探，《渤海学刊》第 1 期。

许　涓 2012 中国政府奖学金本科来华留学生预科教育教学大纲研究，《同济·留学生预科教育研究论丛》（第 1 辑），上海：同济大学出版社。

杨寄洲 1999《对外汉语教学初级阶段功能大纲》，北京：北京语言文化大学出版社。

张 黎 2006 商务汉语教学需求分析,《语言教学与研究》第 3 期。

张晓慧、李 扬 2008 关于研制商务汉语教学功能大纲的思考,第九届国际
　　汉语教学研讨会(北京,2008 年 12 月 15—17 日)论文。

赵建华 1999《对外汉语教学中高级阶段功能大纲》,北京:北京语言文化大
　　学出版社。

中国国家汉语国际推广领导小组办公室、北京大学商务汉语考试研发办公室
　　2006《商务汉语考试大纲》,北京:北京大学出版社。

周 平、韩 玲 2007 专门用途英语的起源及其发展,《山东农业大学学报》
　　(社会科学版)第 2 期。

谈预科的教学性质以及专业汉语的教学目标和教学内容*

——以医学本科来华预科生为例

王尧美　　张学广

山东大学

摘　要　来华预科教育内容是为学生提供其适应本科阶段的所必需的汉语、专业汉语以及专业基础知识。由于本科医学来华预科教育的要求更高，因此应实行弹性学制，增设专业汉语实践性课程。

关键词　预科教学性质；本科医学预科；教学对策

关于预科的教学性质，首先需要厘清的问题是来华预科教育与汉语培训以及学历教育的关系问题。

王佶旻（2015）认为："预科，就是大学基础预备课程。为来华留学生提供预科教育的主要目的是提高学生的汉语水平，传授大学课程学习所必备的基础知识和基本技能，从而使学生能够很好地适应大学本科的专业学习。"中国现阶段的来华预科教育与来华进修教育的主要区别在于，从教学性质来看，后者以汉语培训为主，而前者增加了专业汉语类课程和数理化专业知识课程，这部分课时约占总课时的 20%。从教学目标来看，后者的主要目标是提高学生的汉语水平，而前者的目标是让学生在汉语水平和专业基础知识方面做好准备，使其能顺利进入高等院校学习相关专业。

---

* 本文曾发表于《国际汉语教学研究》2016 年第 3 期，本次收录时做了必要的修改和补充。

　　借鉴发达国家预科教育的发展经验，结合中国高等教育实际，我们认为，预科教育的性质应以汉语培训为主，通过预科教育使学生的汉语水平达到一定标准，为其顺利进行大学学习打下基础；同时预科教育也应起到连接学历教育的桥梁作用，学生应掌握所学专业的基础知识以及相关专业术语的汉语表达方式；另外，预科教育还需要为学生提供进入大学后的学术支持，让学生尽快适应大学学习，部分课程在内容设置和教学方式上，可以按照本科生的培养方法进行。最后，由于预科生在完成预科教育后，将进入中国大学进行为期 4～5 年的学历教育，因此，提高学生的跨文化交际能力也应成为预科教育的重要组成部分。

　　随着汉语教育的产业化，大学以外社会上的汉语培训机构不断涌现，这些培训机构以课程设置针对性强、教学方法灵活及收费低廉受到来华留学生的欢迎，长期垄断汉语培训的中国大学在竞争中将不再占有绝对优势。在这样的市场竞争中，大学应该发挥自身在学科专业方面的优势，将汉语培训与学历教育结合起来。而衔接语言培训和专业课程、服务于国家对外交流事业的预科教育，将成为中国高等院校对外汉语教学的重要发展方向。

　　与其他专业相比，医学类专业的预科教育有其特殊性。学习医学专业，对学生的学习能力、努力程度、基础知识储备甚至意志品质都有很高的要求。有部分医学专业的学生因为课程难度大、学习压力大、成绩不理想等转入其他专业学习，但很少有其他专业的本科生转入医学类专业学习，这也说明医学专业的学习相对更难。国内大部分本科专业学制为 4 年，而医学类专业学制大部分为 5 年甚至更长。医学专业学习的前两年，在某种意义上也属于"预备"阶段，带有"预科"的性质。张志尧、刘艳霞（2010）认为，国内大部分医学院校虽然没有明确将 5 年制医学教育划分为预科教育和医学专业教育两个阶段，但一般在一、二年级开设自然科学课程，称为公共基础课程，其实质也是一种预科教育，使医学专业学生掌握较为广博的自然科学知识、人文和社会科学知识，树立系统的科学自然观，具备抽象思维、逻辑推理、创造性思维的能力。学生在完成两年"预备"课程之后，才正式进入医学专业教育阶段。

学习医学专业，中国学生也会面临很大的困难和挑战，对来华预科留学生来说更是如此。因此，我们建议，来华预科教育应根据专业和学生实际采用弹性学制，对于学科要求较高的专业适当延长预科教育时间。以医学专业为例，张志尧、刘艳霞（2010）调研了北美、澳洲、欧洲、亚洲一些国家的医学预科教育模式，其中，学制最短的是韩国和日本（2年），最长的是北美，需要4年完成医学本科前的预科教育。而来华预科除了专业汉语的学习以外，首先要进行汉语的语言培训。因此，为了完成教学目标，考虑到医学教育的特殊性及教学实际，建议将来华本科医学的预科教育年限延长至2年——第一年采用现有的教学目标和教学内容，第二年的教学内容除了基础汉语、专业汉语以外，增加根据需求定制设计的实践性课程。另外，对于选择学习医学专业的来华预科留学生，应建立筛选和分流机制，对那些在学习能力、学习态度等方面确实不适合学习医学的预科生，可以考虑将其"分流"到相对容易的专业去学习，从而在整体上保证预科教育质量。

以山东大学为例，为实现预科教育的教育目标，我们为医学类来华预科留学生设置了三类课程：汉语类、专业基础知识类、文化体验类。汉语类课程包括基础汉语、专业汉语以及专业汉语实践性课程，专业基础知识类课程包括数学、化学等，文化体验类课程包括中国概况课、中国文化讲座、文化体验活动等。

医学类预科生的专业汉语是"医学汉语"。在选择课程内容和教学模式方面，我们充分考虑到预科生在进入专业学习时可能面临的主要障碍：医学类专业词汇、术语和表达方式，不知道如何划重点、记笔记，不熟悉中国教师的授课方式，跟不上教学节奏等等。

为了帮助留学生克服这些障碍，我们专门编写了西医汉语教材[①]，教材包括读写和听说两部分，读写部分以"人体解剖学"的专业内容为组织线索，听说部分以相应的医院科室分类为组织线索。教材重点培养学生在专业课堂学习中使用汉语进行听、记、问的基本能力，使其能基本听懂中国大学医学本科课程教师的教学用语及医学用语，能够记录或在课本上划出教师讲授的重点内容，能够从专业书籍中查找关键信息，概括总结专业知识点，并初步具备借助工具书阅读中文专业文献的能力。

为了科学筛选专业词汇，在编写教材前，我们先选取了国内主要医学科普报刊的文章共计约 200 万字作为语料库，借助技术工具对语料库进行词频统计，筛选出词频最高的 947 个医学基础词汇，生成《医学专业词表》。考虑到预科生只有一年的学习时间，我们要求学生掌握 500 个词语，其中复用式词语（要求学生能够认读、理解、记忆、应用）221 个，领会式词语（要求学生能够认读、理解）279 个，其他 474 个扩展词语只要求学生了解，不要求学生掌握。除了专业词汇外，我们也选取部分医学专业常用书面表达方式和临床用语，要求学生能够理解和掌握。

在教学活动方面，我们也针对医学类专业学生的学习需求做了特别设计，如指导学生分析书中出现的疾病的病理、症状、类型、发病原因、治疗方法，要求学生根据课文内容书写病历。这些活动与学生的专业学习有密切的关系，极大地提高了学生学习的积极性。根据汉语的特点，在医学汉语课上，我们也采用集合式汉字和词汇教学法，例如，把以"月"为部首的一组汉字（肝、胆、脾、肠、脏、腔等）放在一起，让学生了解这些字大多和人体器官有关。再比如，学生学了"口腔"这个词，我们会再补充"鼻腔""胸

[①] 西医汉语教材即"来华留学生专业汉语学习丛书·西医汉语系列"，包括王军主编的《西医汉语听说教程》（北京语言大学出版社，2013）以及《西医汉语读写教程》（北京语言文学出版社，2014）。

腔""腹腔"等有"腔"字的词，学生学了"胃炎"这个词，我们会把类似的词，如"咽炎""鼻炎""肠炎""肺炎""肝炎"等集合起来，让学生了解汉语构词的方法和特点，帮助其学习医学汉语专业词汇。

为达到使预科所学内容与本科专业内容衔接的目的，我们借鉴了澳大利亚墨尔本大学"顶峰研习"（Capstone Studies）的课程模式（李红宇等，2008），为预科生开设专业汉语实践性课程。所谓专业汉语实践性课程，是指在课堂教学、专业讲座之后，利用学生处在目的语环境的优势，让学生进入大学本科课堂听课，进入医院科室实习和工作实践，参加相关的社区服务等，通过这些活动实现对所学知识的掌握。由于这种知识转换的过程注重应用性和情境性，更能帮助学生适应大学的学习和生活，学生进入专业课堂听课，能够实地感受中国大学课堂教学的特点，也有助于其认识到自己在汉语水平和基础知识方面的不足。

在医学汉语教学过程中，我们总结出很多教学经验，也取得了不错的教学成效，但也遇到了一些困难，主要有以下三个方面。

首先，课时紧张，学习和教学压力大。预科教育时间是一年，其中用于医学汉语的教学时间大概为 64 课时，在这么有限的课时内达到预期的教学目标，有很大的难度。即使达到了预期的教学目标，仅仅掌握 500 个医学专业词汇，也不足以为学生进入医学本科专业学习打下坚实基础。对预科生来说，他们既要学基础汉语，又要学医学汉语，还要在非母语的课堂教学环境下学习数学、化学，每门课程对他们来说都是极大的挑战。我们的预科生普遍存在学习压力大、睡眠时间不足的问题。专业汉语任课教师的压力也很大，他们既要掌握对外汉语教学的方法、技巧，也要懂得医学方面的基础知识，还要懂得如何用汉语给预科生讲解这些基础知识。他们要在有限的课时内完成预期的教学目标，还要兼顾课堂教学的趣味性和吸引力，这些都对他们提出了更高的要求。

其次，学生水平参差不齐，很难齐头并进。预科生在学习能力、学习态度、努力程度等方面存在很大的差异，有的学生在所有课程学习上都表现优秀，有的学生却连最基本的基础汉语都掌握不了，也有的学生汉语学得很好，数学、化学学得不好。预科生来自不同的国家，原有的知识基础不同，同样的内容，有的学生有基础，能很快掌握，有的学生没有基础，掌握起来就比较困难。

最后，对学生的心理疏导和日常管理需要占用很多时间和精力。由于预科生年龄普遍偏小，自我约束力以及学习和生活适应能力较弱，有的学生来中国前就没有养成良好的学习习惯，缺乏自控能力，因此预科班的教师和学生管理人员，需要花很多的时间和精力，为预科生提供教学指导、生活咨询和心理疏导服务。在课堂教学过程中，任课教师也要分出一部分时间和精力，用于严格考勤、整顿课堂纪律，对那些学习态度消极、失去学习信心和动力的学生，教师还要努力地给予鼓励和疏导。预科教师不但要"传道、授业、解惑"，还要承担"心理医生"和日常学习管理者的角色，比一般的汉语教师付出更多的心血。

参考文献

李红宇、陈　强、张　毅 2008 澳大利亚墨尔本大学"墨尔本模式"改革初探，《清华大学教育研究》第 6 期。

王佶旻 2015 建立来华留学生预科教育标准体系的构想，《国际汉语教学研究》第 1 期。

张志尧、刘艳霞 2010 中外医学预科教育的比较与分析——中外医学院校对自然科学（数理化）课程的要求，《中国高等医学教育》第 5 期。

高校来华预科生汉语学习障碍影响因素实证研究 *

范　伟　李贤卓

南京师范大学

摘　要　高校来华预科生汉语学习障碍研究可为高校预科教育课程设置、教学管理和学生管理等工作提供理论依据。为客观反映高校来华预科生学习障碍现状，本文通过编制来华预科生汉语学习障碍问卷，探索了来华预科生学习障碍的影响因素。研究发现，高校来华预科生的汉语学习障碍由师资障碍、二语障碍、信心障碍、时间障碍四个因素构成。加强师资队伍的建设，帮助学生自我认知，培养学生自主学习的意识和能力，合理安排教学时间与进度是解决预科生汉语学习障碍的主要途径。

关键词　来华预科生；汉语学习障碍；问卷；因素分析

一、问题的提出

目前，随着我国综合国力的提升，来华接受高等教育的外籍留学生人数也逐年上升。高校来华预科生是来华留学生的重要组成部分，此类人群通过 1～2 年的学习，在汉语能力、专业知识以及跨文化交际等方面达到进入我国高等学校专业阶段学习的入学标准。近年来，随着我国国际影响力的提升和政府投入的增加，高校来华预科生规模也不断扩大。学生的生源背景、教育基础、学习能力、学习态度、跨文化适应能力差异很大，由此带来了不同

---

* 本文曾发表于《语言文字应用》2018 年第 4 期，本次收录时做了必要的修改和补充。

程度的学习障碍问题。

成人的学习障碍也称为"教育参与障碍""参与障碍""学习参与障碍"（罗伟、雷丹，2011），主要指"参与者有参与教育活动的意向后，所面临的阻碍其参与行为实现的困难或问题"（齐高岱、赵世平，2000）。

国外学者对学习障碍的构成要素做了大量研究，发现时间因素和经济因素构成主要的学习障碍（Johnstone & Rivera，1965），工作繁忙、缺乏时间、教育经费不足和教育地点不便等都影响成人参与学习活动（Chambers et al.，2000）。此外，Johnstone et al.（1965）、Darkenwald & Thomas（1985）、Chambers et al.（2000）等通过研究发现，诸如性别、年龄、职业、教育程度等因素也对成人参与教育构成障碍。在调查学习障碍要素的同时，产生了大量障碍量表，影响最大的是 Darkenwald & Thomas（1985）开发的《参与障碍普适量表（DPS-G）》，该量表将学习障碍分为"缺少自信、课程缺少相关性、时间限制、缺乏兴趣、教育费用和个人自身问题"六个因子。

国内对学习障碍的研究始于 20 世纪末，研究的热点包括教育参与者学习障碍的因素、障碍量表的开发等。研究发现，学习者的心理因素、学习内容、人际环境以及学习环境等构成主要学习障碍（纪军，2002；李纯，2016）。心理障碍属于内部障碍，课程、人际环境、学习环境及信息属于外部障碍（韩树杰，2006）。总之，成人教育参与障碍主要有四方面：第一，情境障碍，例如缺乏时间、金钱及地点、交通问题，无法兼顾学习和家庭等。第二，机构障碍，例如认为学习的安排不合理，课程的价值不大等。第三，心理障碍，例如对学习没兴趣、对学校厌倦、害怕失败等。第四，信息障碍，例如缺乏学习方式、时间、地点的信息等等（黄富顺，1989）。成人学习障碍可以归因为主观和客观障碍，主观障碍主要是心理障碍，包括缺乏学习动机或学习信心等，是影响学习的主要因素。客观障碍指情境、机构、信息方面的障碍（唐世明等，1996；李传银等，2006）。实证研究方面，根据我国的实际情况，开发出了适用于不同行业的学习障碍量表（王泽娟 2007；翟军亚等 2012；仲海宁，2014）。

但是，来华预科生与一般成人学习者不同，不仅要在限定的时间内完成语言学习，还要具备用汉语学习专业课的基础能力，预科生汉语学习时间短、强度高，这些特性容易对其学习产生负面效应。国内外已有研究主要针对本国成人高等教育领域，对于留学的外籍成年学习者，由于社会、语言、文化等因素，其面临的困难与本国人并不相同，已有研究的结论并不适用于此类人群。此外，对来华留学预科生这一特殊群体，目前缺乏有针对性的学习障碍测量工具。

本文拟依据前人的研究成果和高校来华预科生的实际情况，编制适合这类群体的学习障碍问卷，探寻高校来华预科生汉语学习障碍的影响因素。这将有助于为预科课程设置、教学管理工作的改进提供理论依据，有助于提高教育投入的使用效益和人才培养效率，进一步提升我国国际影响力。

二、预科生汉语学习障碍的假设模型

2.1 访谈

根据本文的研究对象，我们面向已完成预科学习的学生召开了两次座谈会，座谈提纲共 6 个问题，要求学生就"预科学习中对自己障碍最大的因素是什么？"这一核心问题逐一发表意见，其余 5 个问题用于帮助学生提取记忆，如"为了克服这个障碍，你做了什么？"并围绕这一主题对未能参加座谈的学生单独进行半结构式访谈。参加访谈和座谈的学生共 52 人。一次座谈 2 小时，一次访谈约 15 分钟。座谈和访谈征得学生同意后全程录音。

2.2 资料整理

座谈和访谈结束后，为确保准确性，尽可能第一时间将录音进行文字转写，在此过程中，采用逐级登录方式将学生的汉语学习障碍按内容归类。全部录音转写完毕后，根据原始资料归纳提出五个类属：（1）学生缺乏自信，如"觉得自己发音不标准，不敢说汉语"；（2）课程内容难度较高，如"感觉汉语的专业词汇难"；（3）学习时间较短，如"认为一年内不能完成整个课程"；（4）文化差异导致不能融入，如"第一次来中国很多方面不适应"；（5）教学过程中教师教法有问题，如"老师的解释不够清楚"。

2.3 编制问卷

初始问卷项目的形成主要通过两个途径，一是文献综述，主要参考了《参与障碍普适量表（OPS-G）》，它由达肯沃·尔德（Darkenwald）和瓦伦丁（Valentine）开发，共包含34个项目、6个因子——缺乏自信、课程缺少相关性、时间限制、缺乏兴趣、教育费用和个人自身问题。由于这一量表主要测量成人学习障碍，其中仅有少数项目可适用于预科生。二是开展学生座谈和个别访谈，按照访谈内容，抽取学生答案的核心意义，总结出条目化、书面化、简洁化的条目，合并删除意义相近的条目。在此基础上形成的初始问卷共包含63个项目，采用李克特五点计分法，分值越大，表示学习障碍越严重。为帮助来华留学预科生更好地理解各个项目的具体含义，初始问卷除提供中文版本外，还被翻译成英语、葡萄牙语、西班牙语、俄语、法语等不同版本。

三、汉语学习障碍影响因素的初测

3.1 被试

在同济大学、南京师范大学、东北师范大学等3所学校发放包含63个项目的初始问卷共300份，回收290份，其中有效问卷281份，有效率为93.67%。被试中男性172人，女性109人；18岁及以下35人，19～20岁

121 人，21～22 岁 65 人，23 岁及以上 60 人；华裔 12 人，非华裔 267 人，未报告是否华裔的 2 人；来自欧洲国家的 13 人，亚洲 123 人，北美洲 20 人，南美洲 16 人，大洋洲 22 人，非洲 86 人，未报告国别的 1 人；会说英语的 235 人，不会说英语的 46 人；专业方向为文科类 45 人，理工科类 135 人，经贸类 64 人，医学类 37 人。

3.2 程序

被试按照自愿原则完成问卷，平均完成时间为 20 分钟。研究数据采用 SPSS21.0 软件包进行数据录入、项目分析和探索性因素分析。

3.3 结果

采用如下方法进行项目分析：（1）将问卷总分最高和最低的 27% 分别作为高分组和低分组，对两组被试在各项目上的得分进行平均数差异检验，以考察项目的鉴别能力，将未达显著性水平的项目删除；（2）计算各项目与总分间的相关系数，将相关较低（r＜0.4）的项目删除。经过反复分析和排除，先后删除 11 个项目，用剩余的 52 个项目进行探索性因素分析。检验结果表明：KMO 值 =0.94，Bartlett's Test 值 =10181.02，p＜0.001，说明非常适合进行因素分析。采用主成分法和最大方差正交旋转法进行公共因素的抽取，前 4 个因素的特征值都大于 1，共可以解释总方差的 52.7%。

根据以上结果，经综合考虑后抽取 4 个因素进行主成分分析。采用主成分分析法和最大方差正交旋转法对项目进行分析和逐步排除，将因素负荷＜0.35 的低负载项目、在两个因素上的负荷差＜0.3 的双负载项目以及不易解释的项目予以删除。经反复分析与排除后共删除 34 个项目。用剩余的 18 个项目再次进行主成分分析，结果表明，含 18 个项目的高校来华预科生汉语学习障碍问卷分为 4 个因素，解释的总方差为 69.9%，单个因素解释的方差分别为：37.6%、16.7%、9.0%、6.6%。量表结构及载荷如表 1 所示。

180

表1 问卷各维度的项目及因素载荷矩阵

维度	师资障碍（F1）		二语障碍（F2）		信心障碍（F3）		时间障碍（F4）	
	项目	载荷	项目	载荷	项目	载荷	项目	载荷
项目及因素载荷	51	0.91	26	0.79	21	0.85	3	0.83
	52	0.90	30	0.76	20	0.84	4	0.72
	50	0.87	27	0.75	22	0.70	6	0.65
	53	0.85	31	0.73			13	0.58
	47	0.83	25	0.73				
	49	0.81						
累计贡献率	37.6		54.3		63.3		69.9	

根据项目内容将4个因素依次命名为：师资障碍、二语障碍、信心障碍、时间障碍。α系数分别为0.94、0.86、0.84、0.71。总量表的α系数为0.90。"师资障碍"反映了教师教学经验不足，对知识点的讲解不够清晰全面或不能很好地解答学生的问题，容易诱发学习障碍。"二语障碍"指汉语与预科生的母语存在明显差异导致的学习障碍。"信心障碍"反映了学习者在心理上产生了挫败感和紧张焦虑的消极情绪。"时间障碍"指的是中国大学的时间安排与学习者在自己国家的作息不符，或认为预科学习总时间不够充裕，不能很好地完成预科学业。

3.4 关于初测结果的讨论

初定的预科生汉语学习障碍问卷包含4个因素：师资障碍、二语障碍、信心障碍、时间障碍。α均大于0.7，各分量表的解释力都大于5%，总体解释方差大于50%。每个题目的项目鉴别能力均达到显著性水平，说明项目的区分度较好。

将问卷的 4 个因素和访谈的 5 个分类进行对比，可知两次归类存在重叠。访谈学生缺乏自信可归入信心障碍，学习时间较短可归入时间障碍，教学过程中教师教法有问题可归入师资障碍。课程内容难度较高可归入二语障碍，将语言障碍单独归因是特殊的语言学习对象决定的，这样的归类更加具体并且突出了研究的特点。学生访谈中"文化差异导致融入困难"的类属未能得到研究结果的支持，主要原因是文化差异类属于宏观范畴，而学习障碍问卷中的因素皆为具体要素，二者不在同一层次。但是，文化差异这一宏观范畴可以融入到具体因素中。具体来说，中国教师和学习者本国教师采用不同的教学方法、学习时间的安排都反映出文化差异，而语言差异是文化差异的直接体现，信心障碍则是文化差异可能导致的结果之一。因此，座谈和访谈信息在问卷中有充分的反映。

初测问卷内容涵盖了访谈信息，各项测量学指标良好，但其效度还需要在其他样本中加以验证。

四、复测及信效度检验

4.1 被试

第二次调查的被试为北京语言大学、同济大学、南京师范大学、东北师范大学等 4 所学校的预科生，共发放调查问卷 316 份，回收 310 份，其中有效问卷 302 份，有效率为 95.56%。被试中男性 202 人，女性 98 人，未报告性别的 2 人；18 岁及以下 60 人，19～20 岁 125 人，21～22 岁 70 人，23 岁及以上 47 人；华裔 12 人，非华裔 290 人；欧洲 13 人，亚洲 143 人，北美洲 13 人，南美洲 12 人，大洋洲 25 人，非洲 95 人，未报告国别的 1 人；会说英语的 267 人，不会说英语的 35 人；专业方向为文科类 52 人，理工科类 136 人，经贸类 78 人，医学类 35 人，未报告专业方向的 1 人。研究数据采用 SPSS21.0 软件包进行数据录入，使用 Amos 22.0 软件进行验证性因素分析。

4.2 问卷的信效度分析

4.2.1 信度分析

采用 Cronbach's α 信度和重测信度对问卷进行信度检验。Cronbach's α 系数检验发现，4 个因素的 α 系数在 0.72 ~ 0.94 之间，均大于 0.70。全卷的 α 系数为 0.91，信度较为理想。分量表与总量表的信度具有较高的接受程度。采用方便取样法在总样本中选取 60 名被试，间隔两周后重测。测得各维度的重测信度在 0.81 ~ 0.86 之间，总量表的重测信度为 0.89，均具有统计学意义（p ＜ 0.001）。信度检验结果表明，测验的同质性和跨时间稳定性较好（见表 2）。

表 2　问卷的同质性信度和重测信度

维度	项目数量	Cronbach's α 系数（N=302）	重测信度（r）(n= 60)
总量表	18	0.91	0.89***
F1 师资障碍	6	0.94	0.81***
F2 二语障碍	5	0.85	0.82***
F3 信心障碍	3	0.84	0.81***
F4 时间障碍	4	0.72	0.86***

注：*** p ＜ 0.001

4.2.2 效度分析

本问卷的编制遵循规范细致的研究程序，通过文献综述和多次的座谈、访谈形成初始问卷，并征求了相关专家的意见，对施测的项目进行了多次审查和修改，从而保证问卷项目能够反映预科生汉语学习障碍的实际情况。因此，该问卷具有较高的内容效度。

计算各因素间的相关系数，均在 0.41 ~ 0.63 之间，为低中度正相关，且均具有统计学意义（p ＜ 0.001），表明各因素间方向一致，且又具备差异，不能互相替代。各因素与总分间的相关系数在 0.71 ～ 0.84 之间，为高度正相关，表明各因素与量表的总体概念一致。结果如表 3 所示。

表3　问卷分量表和总分的相关矩阵

维度	师资障碍	二语障碍	信心障碍	时间障碍	学习障碍
师资障碍（F1）	1				
二语障碍（F2）	0.50**	1			
信心障碍（F3）	0.41**	0.63**	1		
时间障碍（F4）	0.44**	0.45**	0.41**	1	
总量表	0.80**	0.84**	0.75**	0.71**	1

注：** 表示差异显著性指数 p ＜ 0.01。

初测表明，预科生汉语学习障碍是一个四因素的结构，通过验证性因素分析验证量表的结构效度。采用极大似然估计检验因子的拟合程度，模型拟合适配度指标如表 4 所示。卡方自由度比值为 2.41，在 1 ～ 3 之间。GFI、CFI、NNFI 值（分别为良适性适配指标、比较适配指数、非规范适配指标）均在 0.90 以上，PNFI 值（简约调整后的规准适配指数）在 0.50 以上，RMSES 值（渐进残差均方和平方根）小于 0.08。各项拟合指标均达到要求，表明四因素模型可以和复测数据相拟合。

表4　问卷的验证性因素分析模型整体拟合指数

因素	χ^2	df	χ^2/df	GFI	CFI	PNFI	NNFI	RMSEA
4	310.29	129	2.41	0.90	0.94	0.77	0.95	0.07

五、结果与讨论

5.1 问卷的信效度

来华预科生汉语学习障碍问卷共 18 题，包含师资障碍、二语障碍、信心障碍、时间障碍四个维度。问卷在中国国内 616 名在读预科生中施测,初测的内部一致性系数为 0.90,复测为 0.91。可见量表的内部一致性较好。本研究还检验了问卷的时间稳定性,时隔两周后对 60 名预科生的重测信度为 0.89。本研究应用探索性因素分析的主成分分析法,建立了一个四因素模型,能够解释总方差的 69.9%,与最初的构想基本一致。可见问卷的信效度令人满意。

5.2 预科生汉语学习障碍的影响因素

本研究表明,师资障碍构成留学生的主要学习障碍,该维度可以解释 37.6% 的变异。这表明,在来华预科生的教学过程中,更新教师的教学理念、改进教学方法可能是帮助预科生降低汉语学习障碍最有效的方法。一些教师的教学理念和方法并不能很好地适应教学需要。访谈显示,部分教师在课堂上对汉语语法等语言知识点的讲解不够清晰全面,或是在教学过程中很少与学生互动,不能很好地解答学生的问题。此外,一些教师并未意识到预科教学工作的特殊性,采用以往教授汉语进修生的教学方法,较少与学生就学习、生活上的问题进行交流,这些都容易诱发学生学习障碍。这提示我们,高素质的师资队伍是高效学习的必要保障,应该通过强化对外汉语教师的培训,提高其专业水平,从而降低预科生汉语学习障碍。另外,从教学输入的角度看,教师的教学内容是依据教学大纲及教材来实施的,教学输入的有效性、教学内容的合理性和可接受性对预科生的汉语学习效果有直接影响。因此,对大纲及教材的细化及改进也需要深思。

其次是二语障碍。预科生来华的首要任务是语言学习,语言要素最有可能构成学习障碍。从母语上看,预科生绝大部分是非汉藏语系的学生,与其母语相比,现代汉语在声调、文字、形态等方面独具特性,四声、汉字的识记、汉语重意合的表达方式构成很大的学习难度,这会影响到学生的学习兴趣及学习效果。汉语各要素的本体研究已取得丰硕的成果，如何将这些成果转化为教学中高效、有益的输入，降低预科生在语言学习方面的难度，是我们进一步努力的方向。

再次是信心障碍，信心对学好一门外语至关重要。预科生都已经错过了语言学习的关键期，这导致其不能像学习母语那样自然习得汉语。当遭遇学习困难时，由于语言、文化差异而不能有效解决问题，极易产生挫败感和紧张焦虑的消极情绪，进而丧失信心。焦虑对外语学习有不利影响，它既是部分预科生汉语水平低下的原因，也是结果。因此，预科教学应始终以提高预科生汉语水平为出发点和归宿，使预科生增强汉语学习信心，并进一步提高汉语水平，形成良性循环。

最后是时间障碍，全面学习一门外语，需要大量时间。对于成人学习者，课堂学习之外，需要进行不断的练习，才能使陈述性知识转化为程序性知识，不断提升自身的语言能力。但由于客观因素所限，要求学习者在一年之内汉语水平从零起点提升至中高级，不得不进行大容量、满负荷的被动学习，大量接收语言知识和高强度的课堂学习使得他们没有足够的休息、复习时间。

5.3 研究局限与有待澄清的问题

初测样本量存在偏小的问题。被试为 300 人，项目为 63 个，距离因素分析的最低要求尚有差距。因此采用项目分析，删除未达显著性水平的项目后再进行探索性因素分析，满足了因素分析对样本数量的基本要求。

本研究中的师资障碍、信心障碍、时间障碍在前人的研究中多有体现。与前人模型相比，师资障碍可归入机构障碍，信心障碍可归入心理障碍，时间障碍可归入情境障碍。本研究中的学习者由于在非母语环境下学习且不具备中国语言文化基础，更多依靠老师进行学习，不同于前人研究，师资障碍而非信心障碍成为其最主要障碍。由于语言学习是本研究对象的一大特点，因此二语障碍在前人的模型中并未体现。由于是政府组织的集体学习模式，信息公开透明，容易获取，因此前人模型中的信息障碍并未体现在本研究中。

5.4 对促进预科教育质量提升的启示

本研究对预科教育工作的启示在于：第一，加强师资队伍的建设，在对外汉语教师中，着力培养一批能够适应预科教学特点的优秀教师，发挥资深教师的模范作用。第二，帮助学生通过语言对比认知自身特性。教学中可以进行汉语和英语／小语种的对比分析，聘请精通学生母语的教师、学生从事主干课教学或课外辅导等。第三，培养学生自主学习的意识和能力，根据学生专业、性格等因素的不同，加强学生学习动机的培养，帮助学生克服文化差异，产生汉语学习的内生动力，建立自信。第四，合理安排教学时间与进度，为学生预留自主学习和语言实践的时间。

总之，本文的探索能够客观反映高校来华预科生汉语学习障碍的现状，为预科教育课程设置、教学管理和学生管理等工作的改进提供理论依据；从长远来看，也有助于提高预科人才的培养效率，提升我国国际影响力。

六、结论

来华预科生的汉语学习障碍问卷分为 4 个维度：师资障碍、二语障碍、信心障碍、时间障碍。自编的汉语学习障碍问卷具备良好的信度和效度指标，是研究来华预科生汉语学习障碍的有效工具。加强师资队伍建设、提升学生的自我认知水平、培养学生自主学习的意识和能力、合理安排教学时间与进度是解决汉语学习障碍的主要途径。

参考文献

韩树杰 2006 我国成人学习障碍研究综述，《职教论坛》第 4 期。

黄富顺 1989《成人心理与学习》，台北：师大书苑。

纪 军 2002 成人学习障碍及其调控，《职教通讯》第 12 期。

李传银、刘奉越、董吉贺 2006 成人学习障碍归因及调控策略研究，《开放教育研究》第 6 期。

李 纯 2016 基于全视角学习理论的成人学习障碍研究，《高等继续教育学报》第 1 期。

罗 伟、雷 丹 2011 成人高等教育学生参与学习障碍调查研究，《高等函授学报》第 9 期。

齐高岱、赵世平 2000《成人教育大辞典》，东营：石油大学出版社。

唐世明、陈岚岚、吴晓丽 1996 成人学习的动机与障碍，《杭州师范学院学报》第 5 期。

王泽娟 2007 北京城区 637 名护士参与继续教育的学习动机和学习障碍的现状调查，中国协和医科大学硕士学位论文。

翟军亚、杨培常、陈 勤、史 岩、侯 睿 2012 护理学在职研究生学习障碍和学习满意度的相关性研究，《中华护理杂志》第 7 期。

仲海宁 2014 高等教育自学考试考生学习障碍和学习满意度的关系研究，《成人教育》第 7 期。

Chambers, Alastair W, Ferguson K & Prescott Gordon J. 2001 Continuing medical education by anaesthetists in Scotland:Activities, motivation and barriers. *Anaesthesia* 55(12): 1192-1197.

Darkenwald, Gordon G & Thomas Valentine. 1985 Factor structure of deterrents to public participation in adult education. *Adult education quarterly* 35(4): 177-193.

Johnstone, John, Wallace Claire & Rivera Ramon J. 1965 *Volunteers for Learning: A Study of the Educational Pursuits of American Adults*. Chicago: Aldine Pub. Co.

来华留学预科生汉语学习效能感研究*

袁嫩嫩[1]　王佶旻[2]

[1]人大附中北京经济技术开发区学校　[2]北京语言大学

摘　要　本文通过问卷法对开展中国政府奖学金本科来华留学生预科教育的
5 所院校中的 458 名预科生进行汉语学习效能感情况调查和预科结
业成绩分析。结果发现：从整体来说，预科生的汉语学习效能感处
于中等偏上水平。性别方面，男生的学习效能感显著高于女生；专
业方面，经贸预科生的汉语学习效能感显著高于理工、文科和医学
的；地域方面，亚洲的预科生显著高于非洲和其他地域的；学校方
面，对外经济贸易大学的预科生显著高于其他学校的。汉语学习效
能感与预科结业成绩之间呈正相关关系。"自身的成功经验""同伴
经验""鼓励性言语""积极情绪"是汉语学习效能感的主要来源。

关键词　来华预科生；汉语学习效能感；效能感信息来源

一、引言

预科教育，就是读大学本科前的预备教育，主要目标是初步解决留学生
入系后生活和专业学习所需汉语的运用能力问题（王佶旻，2016）。预科生
在来中国学习之前基本都是汉语零基础，他们的汉语起点相同、学习时间相
同、学习任务相似、学习条件和环境相似，但其学习能力、心理素质、习惯
教养等方面参差不齐，经过一年的预科集中教育之后，他们的汉语水平便有
了很大的差距。预科生既要学习汉语，又要进行数理化等专业课的学习，对

---

* 本文曾发表于《华文教学与研究》2022 年第 2 期，本次收录时做了必要的修改和补充。

预科生的学习态度、学习能力等都有很高的要求。学习内容和学习时间之间的矛盾，也直接给预科汉语教师造成了很大的压力，使得预科教师们越来越关注学生个体认知因素的差异，而"学习效能感"是核心因素之一。

学习效能感是对 Bandura（1977）提出的"自我效能感（self-efficacy）"概念的应用。自我效能感是个体对其组织和实施达成特定成就目标所需行动过程的能力的信念（Bandura，1997），包含"能力"和"行动"两个关键因素，其本质是对自己能力的主观感知，并非个体的真实能力，存在一定的偏差性（Bandura，1980）。这是因为自我效能感建立在效能信息源的基础之上（Bandura，2001），个体要对效能信息源进行整合、认知加工和自我反省（班杜拉著，林颖等译，2001），在这个过程中，很多个人、社会及情境因素会影响个体对效能信息源的认知解释，因此对自己能力的感知产生了偏差，进而影响个体随后的行为（Bandura，1982/1986）。只有测量短时间内的自我反思和行动，才能最精确地揭示它们之间的关系（班杜拉著，缪小春等译，2003）。基于此，本研究将汉语学习效能感定义为：汉语学习者对控制自己汉语学习行为和汉语学习能力的主观判断，以及汉语学习者对自己能否利用所拥有的能力或技能去完成汉语学习任务的自信程度的评价。

学习效能感对学习起着巨大的作用，尤其在同等能力的条件下。学习效能感与目标定向呈正向相关的关系（尚建国、寇金南，2015），即学习效能感较高的个体会倾向于选择有一定难度的任务。学习效能感越高的学生越有坚持性，可以更好地监控自己的学习时间安排，并倾向于延迟满足（周永红等，2014）。学习效能高的学生会更多地采用认知和元认知策略，更容易产生学业求助行为，他们的情绪越饱满，信心越足，会更多地关注在如何解决问题和激发自身的潜能上，活动效率高（Nie et al.，2011）。总之，学习效能感直接或者通过影响其他学习变量间接地对学业成就产生影响，而学业成就也反过来影响着学习效能感。

汉语学习效能感的研究起步较晚，以"汉语学习效能感"为关键词在知网上仅能检索到 30 多篇相关论文，且以硕士学位论文为主。研究内容集中在三个方面：

第一，理论阐述和现状调查研究。梁建英（2002）最早提出自我效能感对汉语学习和教学都有促进的作用；自我效能感影响外国中学生（王晓霞，2014）和初级阶段留学生（甄文婷，2016）对汉语学习的持久度、努力度、情绪态度以及汉语任务难度的选择；同时，留学生学习其他语言的经验、得到的评价等也会影响汉语学习效能感（甄文婷，2016）。现状调查结果显示，现有研究中被试的汉语学习效能感基本都处于中等或偏上水平。其中，华东师范大学 53 名日韩留学生的汉语学习效能感随着年龄的增加反而降低，随着学习时间的增加呈现高—低—高的趋势，从听、说、读、写、交际和一般效能感 6 个维度来看，阅读效能感最高，口语效能感最低（朱琳，2009）。北京外国语大学 90 名本科留学生的汉语学习效能感随着年级的升高不断提升（丁安琪，2011）。26 名墨西哥预科生的汉语学习效能感随着汉语学习时间的增加而上升，口语效能感最低，一般汉语效能感最高（周楚越、任晓霏，2021）。东北高校 171 名中高级留学生的汉语学习阅读和听力效能感高于写作和口语，汉字效能感最低（张晓宇，2020）。北京高校 150 多名来华进修生的汉语学习效能感中，控制感高于能力感，汉字效能感最低，日韩学生除了汉字效能感显著高于欧美学生之外，其他均显著低于欧美学生（郑丽慧，2015）。82 名维也纳留学生的汉语学习效能感的控制感高于能力感，汉语水平越高，汉语学习时长越长，效能感越高，年龄和性别没有显著影响（李安琪，2018）。此外，还有 350 名维吾尔族中学生的汉语学习效能感整体呈良好趋势，女生相比男生效能感较高，并随着年级、汉语学习时长以及父母的文化程度的提高而上升（赵福君、王党飞，2016）。

第二，听说读写特殊的汉语学习效能感研究。陈欣（2019）编制汉语听力效能感量表，包括一般汉语效能感、听力能力、努力、环境、控制效能感，76 名留学生的汉语听力效能感与听力成绩呈显著正相关关系。王学琴（2012）编制汉语口语效能感量表，包括一般汉语口语效能感、流利性、准确性、复杂性口语效能感。115 名留学生的口语复杂性效能感最低，欧美学生最高，女生明显低于男生，年龄和汉语学习时长交互影响汉语口语效能感。詹许君（2015）编制了汉语阅读效能感量表，包括一般汉语效能感、阅读能力、努力、环境、控制效能感，62 名留学生的汉语阅读努力效能感最高，阅读控制效能感最低，东南亚学生的阅读能力效能感最高，中亚和俄罗斯学生的阅读环境效能感最高。武小露（2016）编制了汉语写作效能感量表，包括汉语写作技能和任务效能感，61 名留学生的汉语写作技能效能感高于任务效能感，对汉语写作产出有着较大的影响。这些调查丰富了单项汉语学习效能感的研究。

第三，汉语学习效能感与其他因素的实证关系研究。汉语学习效能感与学习适应性（邓婉君，2011）、跨文化适应性（高健，2012）、学习策略（张梦，2017）和学业成绩（邓婉君，2011）均呈正相关关系；高分组学习者的成功能力归因可以正向预测并解释学习效能感的 47% 的变异量（李稚倩，2016）；学习效能感与课堂焦虑（张莉，2014；谢丽娜，2019）、学习倦怠（郭睿，2016；薛姗，2018）呈显著负相关关系。但是徐萍（2016）的研究结果显示汉语学习效能感对 HSK 成绩没有显著影响。

综上所述，留学生的汉语学习效能感研究相对较少，且没有针对中国政府奖学金本科来华留学预科生这一特殊群体的研究，研究的样本量都比较小，对汉语学习效能感的结构和测量各不相同，缺少探讨与成绩的关系研究以及学习效能感信息来源的实证研究。因此，本研究针对来华留学预科生，编制了汉语学习效能感量表和汉语学习效能感信息来源量表，考察预科生的汉语学习效能感现状、影响因素、与预科结业成绩的关系，以及如何培养良好的汉语学习效能感，将其应用于指导汉语教学和汉语自主学习。

二、研究设计

2.1 研究问题

问题一：来华留学预科生的汉语学习效能感现状和影响因素是什么？

问题二：汉语学习效能感与预科结业成绩之间的关系如何？

问题三：不同的效能感信息来源与汉语学习效能感的形成和发展有什么联系？

2.2 研究对象

研究选取开展中国政府奖学金本科来华留学生预科教育的 5 所院校的预科生为被试，正式施测共发放 560 份问卷，有效问卷为 470 份，将填写问卷的被试和预科结业考试成绩信息库进行合并之后，最终被试确定为 458 人。其中，男被试 251 人（54.8%），女被试 207 人（45.2%）；经贸专业被试 108 人（23.6%），理工专业被试 76 人（16.6%），文科专业被试 111 人（24.2%），医学专业被试 163 人（35.6%）；亚洲被试 213 人（46.5%），非洲被试 167 人（36.5%），其他地区（主要是欧美地区）被试 78 人（17.0%）；北京第二外国语学院被试 79 人（17.2%），北京语言大学被试 53 人（11.6%），对外经济贸易大学被试 87 人（19.0%），同济大学被试 158 人（34.5%），山东大学被试 81 人（17.7%）。

2.3 研究工具

研究工具使用"汉语学习情况问卷"和"汉语综合统一考试"。其中，"汉语学习情况问卷"包括两个自编量表：《汉语学习效能感量表》和《汉语学习效能感信息来源量表》。整个问卷总共 50 道题，采用 6 度量表的计分形式。"汉语综合统一考试"是北京语言大学国际学生教育政策与评价研究院（原汉语考试与教育测量研究所）于 2013 年研发的，是面向中国政府奖学金本科来华留学生的预科结业考试，该考试由听力理解、综合阅读和书面表达三部分组成，全卷共 121 题，包含 12 种题型，考试时间大约 160 分钟，试卷质量优良，信效度非常高（王佶旻等，2016）。

《汉语学习效能感量表》的编制，首先通过梳理前人理论确定量表结构为能力效能感和行为效能感，然后借鉴 Gibson & Dembo（1984）、Pintrich & De Groot（1990）、王凯蓉等（1999）、梁宇颂（2000）的框架，参考边玉芳（2003）和朱琳（2009）的内容编制 30 道题目，先后请预科一线教师和预科测量专家校对，选取 32 名预科生进行预测，经同质性检验，删除两道与总分相关系数小于 0.40 的题目，最终修订量表为 28 道题，进入正式施测阶段。正式施测得到的有效数据为 470 份，用于修订量表的质量分析：第一，采用极端分组和同质性检验两种方法，得出题目区分度合格，且所有题目测量相同的潜在特质。第二，进行探索性因素分析。KMO 值为 0.95，Bartlett 球形检验的 χ^2 值为 5891.63（自由度为 378），说明适合进行因素分析。采用主成分分析法，碎石图和特征值大于 1 的因子有 4 个，累计方差贡献率为 52.89%，通过最大变异进行正交旋转得到因素矩阵，将旋转后的 4 个因子命名为"控制感""预期感""努力感""天资感"。第三，进行二阶因素分析。采用主成分法提取到两个公因子，分别为"汉语学习能力效能感"（α=0.879）和"汉语学习行为效能感"（α=0.907）。其中，"汉语学习能力效能感"有 14 道题，包括"天资感"和"预期感"两个维度，是汉语学习者对自己天资的感知和对今后学习的预期，这是个体对自己学习能力的判断；"汉语学习行为效能感"有 14 道题，包括"努力感"和"控制感"两个维度，是汉语学习者对自己努力程度的感知，以及对自己利用所拥有的能力或技能去努力行动的评价，这是个体对自己学习行为的判断。总量表的内部一致性 α 系数为 0.937。

《汉语学习效能感信息来源量表》共 22 道题，借鉴 Lent & Lopez（1991）和贾可（2015）的量表，并结合"三元交互论"的逻辑体系，编制出 5 因子

结构：直接经验、替代性经验、言语说服、生理和情绪状态、环境；包括 9
个子维度：自身的成功经验、失败经验的归因、同伴的成功经验、同伴的失
败经验、鼓励性言语、批评性言语、积极情绪、消极情绪、环境认可。该量
表的内部一致性 α 系数为 0.711。

三、研究结果

3.1 预科生的汉语学习效能感情况

3.1.1 整体分布情况

由表 1 可知，预科生的汉语学习效能感整体均值为 4.48，预科生的汉语
学习行为效能感（M=4.81）明显高于汉语学习能力效能感（M=4.16）。

3.1.2 群体差异分布情况

（1）性别因素对预科生的汉语学习效能感有显著性影响（$t_{(456)}$=2.60，
p=0.010），具体表现为男生的汉语学习效能感显著高于女生。其中，差异
主要体现在能力效能感（$t_{(456)}$=3.44，p=0.001）这一层面，对行为效能感
（$t_{(456)}$=1.38，p=0.170）影响不显著。

（2）专业背景对预科生的汉语学习效能感有显著性影响（F=11.67，
p=0.000），采用最小显著差异法（LSD 法）进行多重比较发现，就汉语学习
效能感的所有维度而言，经贸专业的预科生显著高于理工、文科和医学
专业的预科生。

（3）不同地域的预科生在汉语学习效能感上差异显著（F=3.35，
p=0.036），采用最小显著差异法（LSD 法）进行多重比较发现，在汉语学习
行为效能感层面，亚洲预科生显著高于非洲和其他地域的预科生，在汉语学
习能力效能感方面差异不显著。

（4）不同学校的预科生在汉语学习效能感上有显著性差异（F=11.53，

p=0.000），采用最小显著差异法（LSD 法）进行多重比较发现，就汉语学习效能感的所有维度而言，对外经济贸易大学的预科生显著高于其他四所学校，同济大学的预科生显著高于山东大学。

表1 汉语学习效能感统计分析结果

项目		能力效能感 M+SD	行为效能感 M+SD	汉语学习效能感 M+SD
整体描述性统计（458）		4.16+0.74	4.81+0.69	4.48+0.67
性别	男（251）	4.27+0.72	4.85+0.64	4.56+0.64
	女（207）	4.03+0.75	4.76+0.76	4.39+0.71
	t 值	3.44**	1.38	2.60*
	Sig.（双侧）	0.001	0.170	0.010
专业	经贸（108）	4.56+0.64	5.04+0.58	4.80+0.57
	理工（76）	4.14+0.76	4.76+0.72	4.45+0.70
	文科（111）	4.02+0.69	4.68+0.71	4.35+0.65
	医学（163）	4.00+0.74	4.75+0.70	4.38+0.68
	F 值	15.93**	5.99**	11.67**
	Sig.（双侧）	0.000	0.001	0.000
地域	亚洲（213）	4.25+0.75	4.89+0.66	4.57+0.66
	非洲（167）	4.10+0.76	4.74+0.74	4.42+0.70
	其他（78）	4.05+0.67	4.72+0.66	4.38+0.62
	F 值	2.87	3.09*	3.35*
	Sig.（双侧）	0.058	0.047	0.036

（续表）

	项目	能力效能感 M+SD	行为效能感 M+SD	汉语学习效能感 M+SD
学校	北京第二外国语学院（79）	4.11+0.69	4.64+0.73	4.38+0.67
	北京语言大学（53）	4.01+0.69	4.81+0.65	4.41+0.61
	对外经济贸易大学（87）	4.61+0.63	5.09+0.57	4.85+0.56
	同济大学（158）	4.13+0.77	4.87+0.70	4.50+0.69
	山东大学（81）	3.87+0.65	4.54+0.68	4.20+0.63
	F 值	13.13[**]	8.60[**]	11.54[**]
	Sig.（双侧）	0.000	0.000	0.000

注：[*]$p<0.05$，[**]$p<0.01$

3.2 汉语学习效能感与预科结业成绩的关系

汉语学习效能感与预科结业总成绩两个变量均属于连续变量，因而采用 K. Pearson 的积差相关方法进行分析，如图 1，结果表明二者之间呈正相关关系（$r=0.21$，$p=0.000$）。

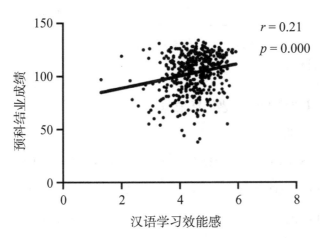

图 1　汉语学习效能感与预科结业成绩相关性散点图

进一步选择复回归分析中的强迫进入变量法，表 2 结果表明，能力效能感和行为效能感两个自变量与效标变量的多元相关系数为 0.28，多元相关系数的平方为 0.08，表示两个自变量共可解释预科总成绩变量 8.10% 的变异量。能力效能感的标准化回归系数为负数，说明其对预科成绩的影响是负向的；行为效能的标准化回归系数为正数，说明其对预科成绩的影响是正向的；但二者之间存在一定的共线性问题。两个变量对预科总成绩的影响均显著，但行为效能的 β 系数绝对值较大，表示行为效能对预科总成绩具有较高的解释力，而能力效能对预科总成绩的变异解释力甚小。标准化回归方程式为：预科结业成绩 =0.39* 汉语学习行为效能感 -0.16* 汉语学习能力效能感。

表 2　汉语学习效能感与预科成绩的回归分析统计结果

模型	R	R^2	调整 R^2	F	Sig.
1	0.28[a]	0.08	0.08	20.11	0.000
预测变量	B	标准误差	Beta（β）	t	Sig.
截距	70.37	5.76		12.22	0.000
能力效能感	−0.29	0.12	−0.16	−2.30	0.022
行为效能感	0.73	0.13	0.39	5.54	0.000

a. 预测变量:（常量）、能力效能感、行为效能感

b. 因变量：预科结业测试总分

3.3 预科生的汉语学习效能感信息来源

3.3.1 整体分布情况

预科生整体在环境认可上得分最高（M±SD=5.17±0.81），其次是同伴的成功经验（M±SD=4.54±1.04）、自身的成功经验（M±SD=4.51±0.91）、积极情绪（M±SD=4.32±1.11）、鼓励性言语（M±SD=4.29±1.10）、消极情绪（M±SD=2.91±1.29）、失败经验的归因（M±SD=2.85±1.04）、同伴的失

败经验（M ± SD=2.38 ± 1.23），批评性言语得分最低（M ± SD=1.84 ± 1.14）。

3.3.2 群体差异分布情况

以汉语学习效能感信息来源为因变量，以"性别""成绩"为自变量进行独立样本 T 检验，同时以"地域"为自变量进行单因素方差分析。经分析可知：

（1）性别上，在同伴的成功经验（男 M ± SD=4.64 ± 1.02，女 M ± SD=4.43 ± 1.04）、鼓励性言语（男 M ± SD=4.45 ± 1.04，女 M ± SD=4.10 ± 1.14）、积极情绪（男 M ± SD=4.47 ± 1.04，女 M ± SD=4.15 ± 1.17）这三个方面，男生的体验显著高于女生，$t_{(456)}$=2.19、3.44、3.04，p=0.029、0.001、0.002。在消极情绪方面（男 M ± SD=2.77 ± 1.28，女 M ± SD=3.08 ± 1.29），女生的体验显著高于男生，$t_{(456)}$=-2.56，p=0.011。

（2）地域上的差异主要体现在同伴的成功经验（亚洲 M ± SD=4.69 ± 0.94，非洲 M ± SD=4.50 ± 1.07，其他 M ± SD=4.23 ± 1.14）方面，F=5.88，p=0.003。采用最小显著差异法（LSD 法）进行多重比较发现，亚洲的预科生显著高于其他组别的预科生。

（3）成绩上，采用极端分组法，按照预科成绩的高低分为高分组 125 人，低分组 126 人。结果显示，在自身的成功经验（高 M ± SD=4.78 ± 0.81，低 M ± SD=4.16 ± 1.00）和环境认可（高 M ± SD=5.33 ± 0.80，低 M ± SD=5.00 ± 0.85）两个方面，高分组的预科生显著高于低分组，$t_{(249)}$=5.40、3.23，p=0.000、0.001。在同伴的失败经验（高 M ± SD=2.04 ± 1.10，低 M ± SD=2.72 ± 1.31）、批评性言语（高 M ± SD=1.44 ± 0.80，低 M ± SD=2.24 ± 1.29）和消极情绪（高 M ± SD=2.36 ± 1.20，低 M ± SD=3.45 ± 1.18）三个方面，低分组的预科生显著高于高分组，$t_{(249)}$=-4.47、-5.89、-7.26，p=0.000、0.000、0.000。

3.3.3 与汉语学习效能感的关系

采用皮尔逊积差相关分析可知，除了批评性言语（r=-0.08, p=0.073）与汉语学习效能感不相关之外，其余八个方面均与汉语学习效能感相关，相关系数依次为：自身的成功经验（r=0.60，p=0.000）、鼓励性言语（r=0.52，p=0.000）、同伴的成功经验（r=0.49，p=0.000）、积极情绪（r=0.44，p=0.000）、环境认可（r=0.44，p=0.000）、消极情绪（r=-0.24，p=0.000）、同伴的失败经验（r=-0.24，p=0.000）、失败经验的归因（r=-0.14，p=0.003）。

使用逐步多元回归分析法（Stepwise）进一步分析，将八个预测变量全部引入模型，再逐个剔除对残差平方和贡献较小的变量，保留在模型中的解释变量之间多重共线性不明显，且对被解释变量有较好的解释贡献，以保证最后的回归模型是最优的。由表3结果发现，有显著预测力的变量依次为"自身的成功经验""鼓励性言语""同伴的成功经验""同伴的失败经验""积极情绪"，剔除了三个预测变量。保留的五个预测变量与"汉语学习效能感"的多元相关系数为0.74，决定系数（R^2）为0.54，最后回归模型整体性检验的 F 值为107.31（p=0.000），五个预测变量共可有效解释"汉语学习效能感"54.3%的变异量。标准化回归方程为：汉语学习自我效能感 =0.35* 自身的成功经验 ±0.24* 鼓励性言语 ±0.21* 同伴的成功经验 -0.16* 同伴的失败经验 ±0.16* 积极情绪。

表3　五个预测变量对汉语学习效能感的逐步多元回归分析摘要

投入变量顺序	R	R^2	增加量（$\triangle R^2$）	F 值	净 F 值（$\triangle F$）	Sig.	B	Beta（β）
截距							53.00	
1 自身的成功经验	0.60[a]	0.36	0.36	252.02	252.02	0.000	7.11	0.35
2 鼓励性言语	0.67[b]	0.45	0.09	186.40	78.14	0.000	4.12	0.24
3 同伴的成功经验	0.71[c]	0.50	0.05	150.61	43.89	0.000	3.79	0.21
4 同伴的失败经验	0.72[d]	0.52	0.03	124.42	23.49	0.000	−2.44	−0.16
5 积极情绪	0.74[e]	0.54	0.02	107.31	19.03	0.000	2.66	0.16

a. 预测变量:（常量）、自身的成功经验

b. 预测变量:（常量）、自身的成功经验、鼓励性言语

c. 预测变量:（常量）、自身的成功经验、鼓励性言语、同伴的成功经验

d. 预测变量:（常量）、自身的成功经验、鼓励性言语、同伴的成功经验、同伴的失败经验

e. 预测变量:（常量）、自身的成功经验、鼓励性言语、同伴的成功经验、同伴的失败经验、积极情绪

四、综合讨论

4.1 汉语学习效能感的影响因素分析

4.1.1 从整体分布来看

预科生的汉语学习效能感整体均值为 4.48，在 6 度量表里，处于中间值 3.50 以上，说明预科生的汉语学习效能感整体处于中等偏上水平，与以往研究的结果基本一致（丁安琪，2011；周楚越、任晓霏，2021）。这是因为预科生基本已经成年，在汉语之外的其他领域或多或少都有成功的经历，这些背景会使他们对自己的学习能力和学习行为习惯性地充满信心。而且预科生的汉语水平大多处于初级阶段，起点低容易取得明显的进步，这在一定程度上也有助于提高汉语学习效能感。

预科生的汉语学习行为效能感明显高于能力效能感，与郑丽慧（2015）的研究结果一致。郑丽慧的研究被试为来华进修生，有一定的汉语基础，而预科生的汉语基本零基础，但在第二语言学习领域中，汉语是一门公认的复杂的、困难的语言，因此不管是汉语初级学习者还是中高级学习者，都容易产生畏难情绪，认为自己学习汉语的天赋不高，从而导致能力效能感变低。在行为效能感层面，预科生有上大学的明确目标，需要在一年之内集中精力通过预科结业考试，加之预科培训院校的紧密课程和严格管理，都提高了预科生的努力感和控制感，从而使行为效能感的得分更高。预科生的汉语学

习能力效能感的标准差较大，说明预科生的汉语学习能力存在较大的个体差异。

4.1.2 从群体差异分布来看

性别因素上，男生的汉语学习效能感显著高于女生，尤其体现在汉语学习能力效能感这一层面上，说明男生学习汉语时更加自信。这与不同性别的心理特征、社会传统和"偏见"有关，男生经常自我评价高，自认为智商高、能力强，也更喜欢接受有挑战性、对抗性较强的任务；而女生自我评价低，具有稳定性，包容性强。汉语学习行为效能感是对自己学习方法和学习习惯的自信和判断，与后天培养有很大的关系，与性别因素关系不大。这与一般学习效能感领域的研究结果一致（王才康等，2001；边玉芳，2003）。而在留学生的汉语学习领域内，性别因素对汉语学习效能感没有显著影响（朱琳，2009；丁安琪，2011；郑丽慧，2015；李安琪，2018），这些研究的样本量不足，使得性别因素的差异不显著。在少数民族学生的汉语学习领域内，赵福君和王党飞（2016）的研究表明，女生的汉语效能感显著高于男生，中学阶段男女生的意志力、记忆力和学习态度导致这一差异显著。这与本研究的结果相反，究其原因，一是学生所处的学习阶段不同，二是中国女性同外国女性的文化思维不一致。

专业因素上，经贸专业的预科生汉语学习效能感在各个维度上均是最高的，且显著高于理工、文科和医学专业，说明经贸专业的学生对学习汉语充满了信心，并愿意为之付出努力。在汉语作为第二语言教学的领域内，经贸汉语学科发展相对成熟，相关教材和研究成果丰硕（沈庶英，2014），专业特点对学生的交际能力要求高（张黎，2006），学生未来的职业报酬相对可观，这些都会提高经贸专业留学生的学习效能感。在汉语学习能力效能感上，医学专业的预科生得分最低，这是因为医学专业难度相对较大，进而影响预科生对未来专业学习的信心。田芝（2013）的研究表明，大学英语学习效能感的文理专业差异不显著，而在汉语学习效能感领域，还没有研究涉及专业分布这一因素。

地域因素上的差异显著，具体表现在汉语学习行为效能感这一层面，亚洲预科生显著高于非洲和其他地区的学生。这说明亚洲学生最刻苦，最愿意付出努力并控制自己的行为去学习汉语，符合亚洲文化圈的学生特点；非洲学生由于条件艰苦，自己国家的教育资源和学习习惯并不优良，导致行为效能感中的控制感显著低于亚洲学生。地域因素在能力效能感这一层面差异不显著。但是郑丽慧（2015）的研究表明，地域对基本能力感和控制感均存在显著差异。丁安琪（2011）的调查结果认为国籍对学习效能感没有显著差异。李安琪（2018）指出，华裔背景对学习效能感影响不显著，仅在能力效能感下的天资感维度差异显著，这是因为华裔学生独特的汉语环境以及对中国语言文化的认同感，所以显著高于非华裔学生。

学校因素上，对外经济贸易大学的汉语学习效能感显著高于其他四所学校，同济大学的学习效能感也很高。这跟每所学校不同的留学生管理制度、教学设备、师资力量等有一定的关系。对外经济贸易大学和同济大学地处北京和上海，学校综合排名靠前，接触到的环境和资源相对更丰富，这些都无形中给了学生自信。邓婉君（2011）的调查也表明，对于泰国高中生来说，私立学校学生的汉语学习效能感显著高于国立学校，学校类型的差异不容忽视。因为泰国私立学校开设时间早，生源有很多是华裔，所以私立学校的学生有一定的优势感，汉语学习效能感较高。

4.2 汉语学习效能感与预科结业成绩之间的关系

大量研究表明，学习效能感对学习成绩有一定程度的预测作用（Jerry & Morgan，1999）。本研究中，汉语学习效能感与预科结业总成绩呈显著正相关关系，与以往的研究结果一致（郑丽慧，2015；陈欣，2019）。邓婉君

（2011）的研究指出，汉语学习效能感不仅能直接影响汉语成绩，还可以通过影响学习适应性间接地影响汉语成绩。但是徐萍（2016）的结果却显示，汉语学习效能感与 HSK 成绩没有显著性相关关系。这是因为学习效能感是不断发展变化的，必须测量短时间内的效能感和学习成绩才有意义。本研究的施测时间是在预科结业考试前一个月进行的，因此有很好的相关关系，而徐萍研究中的 HSK 成绩与学习效能感量表的施测时间并不能保证在同一阶段，因此有很大的偏差性。

回归分析结果表明，汉语学习行为效能感对预科结业成绩具有较高的解释力，而能力效能感对预科成绩的变异解释甚小。学习能力效能感中的天资感和预期感在一定程度上主观性更强，偏差更大，学生的盲目自信反而可能对学业成绩产生一定的负面影响。而行为效能感中的努力感和控制感对学业成绩的影响更大，这样的结果有利于教师和学生通过重点培养学习行为效能感，以实际的努力和行为控制去达成学业目标。

本研究中，汉语学习效能感分别与听力（r=0.20，p=0.000）、阅读（r=0.20，p=0.000）、写作（r=0.16，p=0.001）成绩呈显著正相关关系，这也与以往研究结果一致。陈欣（2019）的研究认为，汉语听力效能感对汉语听力成绩有正向预测作用，听力成绩的高低也影响着听力效能感，二者之间是相互影响的关系。詹许君（2015）印证了汉语阅读效能感对阅读成绩的预测性。武小露（2016）调查了汉语写作效能感对写作流利性、准确性、复杂性的影响，结果表明，随着汉语写作效能感的提升，写作成绩也不断上升。这些研究使用的统计方法是方差分析和 t 检验，并没有做相关分析和回归分析。

4.3 汉语学习效能感的信息来源分析

4.3.1 效能感信息来源分布情况

从汉语学习效能感信息来源量表的整体分布情况看，预科生对自己的学习环境持较满意的态度，这是因为预科生处在目的语环境中，对其学习汉语有很大的激励作用，与以往研究结果一致（郑丽慧，2015；张晓宇，2020）。进一步分析发现，在环境认可信息来源的这一维度上，对外经济贸易大学显著高于其他三所学校（F=6.22，p=0.000），与上文汉语学习效能感的结果相印证。批评性言语得分最低，说明教师们整体上还是以鼓励式教育为主的。

从群体差异情况来看，性别上，女生在学习汉语时更多体验到的是消极情绪，男生相对更加乐观，看到同伴的成功经验会认为自己也可以，从而提高汉语学习效能感。因此，应该更多关注女生的情绪状态。

地域上，亚洲留学生更容易受到同伴成功经历的影响，而欧美留学生更多地关注自身，很少会因为同伴的成功学习经历来影响自己的行为，这是因为西方民族更为开放，提倡个人主义和自我表现。因此，对亚洲的留学生要引导他们进行健康的竞争和比较，对欧美的学生要鼓励他们保持积极的情绪状态。郑丽慧（2015）和张晓宇（2020）的研究结果中，在替代性经验来源方面，均是欧美地区的学生得分最低。

成绩上，汉语学习成绩越好的留学生体验到自身的成功经验越多，对环境认可度更高。这说明学业成就上的反馈会影响学习效能感的信息来源，成绩好的学生会更主动寻求外界的帮助，进而影响学习效能感，形成正向循环。成绩不好的留学生更多体验到了消极情绪和批评性言语，还会受同伴失败经验的影响。这些不好的体验使得成绩不好的学生更容易出现不当行为，降低积极性，从而形成负向循环。因此，要多给学生创造体验成功的机会，提供良好的学习环境，引导效能信息来源和效能感之间进行正向的循环。

4.3.2 效能感信息来源与学习效能感之间的关系

相关和回归分析的结果表明，"自身的成功经验""同伴的经验""鼓励性言语""积极情绪"可共同有效解释汉语学习效能感54.3%的变异量，是预科生学习效能感的主要信息来源。因此，教师可以从这些方面为留学生提供汉语学习效能感信息，培养学习汉语的兴趣，进而提高学业成就，使其在学习过程中形成一个良性循环。

在"自身的成功经验"方面，可以设置合适的目标，增加学生亲历的成功经验。Schunk（1981）发现近期目标的达成会给个体提供越来越多的掌握性经验证据，进而提高学习效能感。教师应因材施教，让不同水平的学生都有机会体验通过努力完成学习任务的成功经历。

在"同伴的经验"方面，要有效地利用榜样，提供替代性经验。Zimmerman et al.（1992）指出，个体对自己能力的判断有一部分是通过与他人行为的比较得到的，面对困难信心十足的榜样比遇到问题就自我怀疑的榜样更能输出高效能和强毅力。

在"鼓励性言语"方面，应给予明确恰当的反馈，引导学生正确归因。要注意保护留学生的自尊心和人格尊严，照顾到来自不同文化背景和国家的留学生，这不仅能激励留学生的学习行为，也影响着留学生的自我评价。

在"积极情绪"方面，需要重视学生的生理情绪调节，努力营造良好的学习氛围。教师要时刻关注留学生的生理和情绪状态，增强留学生的身体素质，培养留学生积极乐观的情绪和学会放松的技巧，使其身心和谐发展，在面对困难挑战时，不会因生理和情绪上的问题导致学习效能感的降低。

五、结语

综上，来华留学预科生的汉语学习效能感总体处于中等偏上水平，尤其体现在汉语学习行为效能感维度上。汉语学习效能感与预科结业成绩之间呈正相关关系。"自身的成功经验""同伴经验""鼓励性言语""积极情绪"是汉语学习效能感的主要信息来源。本研究自编针对来华留学预科生的汉语学习效能感量表和汉语学习效能感信息来源量表，首次考察了留学生的专业分布这一影响因素以及效能感信息来源的具体内容，并探讨了其与预科成绩之间的关系，为培养汉语学习效能感提供了切实可靠的依据。

但本研究仍存在诸多不足：首先，在研究样本上，选取的被试不够全面，理工专业的留学生略少，地域和年龄比较集中。其次，自编量表仍需不断改进和完善。最后，只探究了汉语学习效能感的静态水平，后续研究可以通过追踪观察，进行汉语学习效能感的动态研究。汉语学习者的学习效能感会随着时间和学习内容的变化呈现不同的差异，可以在来华留学预科生这一年的学习过程中进行分阶段测试，掌握预科生的动态发展状况，以便在教学中针对不同阶段和不同的学习任务有的放矢。此外，汉语学习效能感具体是通过什么样的路径来影响汉语学习成绩的？这一问题也有待进一步深入研究。

参考文献

班杜拉著、林　颖等译 2001《思想和行动的社会基础：社会认知论》，上海：华东师范大学出版社。

班杜拉著、缪小春等译 2003《自我效能：控制的实施》，上海：华东师范大学出版社。

边玉芳 2003 学习自我效能感量表的编制与应用，华东师范大学博士学位论文。

陈　欣 2019 中级水平留学生汉语听力自我效能感研究，厦门大学硕士学位论文。

邓婉君 2011 泰国高中学生汉语学习自我效能感、学习适应性和汉语成绩的关系，暨南大学硕士学位论文。

丁安琪 2011 本科留学生自我效能感调查研究，《汉语国际传播与国际汉语教学研究（下）——第九届国际汉语教学学术研讨会论文集》。

高　健 2012 来华留学生跨文化适应性和自我效能感影响因素的探讨——亚

洲和非亚洲来华留学生的比较,《国际中华应用心理学研究会第九届学术年会论文集》。

郭　睿 2016 来华留学生汉语学习效能感与学习倦怠关系研究,《华文教学与研究》第 2 期。

贾　可 2015 中学生学习自我效能感信息源量表的编制及应用,东北师范大学硕士学位论文。

李安琪 2018 维也纳大学孔院学生汉语学习自我效能感调查研究,北京外国语大学硕士学位论文。

李稚倩 2016 汉语作为 L2 学习者学习自我效能感与学习归因研究,辽宁大学硕士学位论文。

梁建英 2002 自我效能感在汉语教学中的作用及其培养途径,《伊犁教育学院学报》第 4 期。

梁宇颂 2000 大学生成就目标、归因方式与学业自我效能感的研究,华中师范大学硕士学位论文。

尚建国、寇金南 2015 学习者因素对大学生英语自主学习能力的交互影响,《外语与外语教学》第 4 期。

沈庶英 2014 来华留学生商务汉语实践教学探索,《语言教学与研究》第 1 期。

田　芝 2013 大学英语学习中的自我效能感影响因素研究,华中师范大学硕士学位论文。

王才康、胡中锋、刘　勇 2001 一般自我效能感量表的信度和效度研究,《应用心理学》第 1 期。

王佶旻 2016《来华留学生预科教育标准与测试研究》,北京:北京大学出版社。

王佶旻、黄理兵、郭树军 2016 来华留学预科教育"汉语综合统一考试"的总体设计与质量分析,《语言教学与研究》第 2 期。

王凯荣、辛　涛、李　琼 1999 中学生自我效能感、归因与学习成绩关系的研究,《心理发展与教育》第 4 期。

王晓霞 2014 自我效能感对外国中学生汉语学习的影响及对策分析,《科技展望》第 13 期。

王学琴 2012 留学生汉语口语自我效能感研究,南京师范大学硕士学位论文。

武小露 2016 汉语言本科留学生写作自我效能感在不同任务下对写作产出的影响,华东师范大学硕士学位论文。

谢丽娜 2019 汉语学习自我效能感与焦虑情况的调查研究,陕西师范大学硕士学位论文。

徐　萍 2016 来华预科留学生汉语课堂焦虑、汉语自我效能研究,山东大学硕士学位论文。

薛　姗 2018 汉语学习者的学习焦虑及其与学习动机关系研究,华侨大学硕士学位论文。

詹许君 2015 中级水平留学生汉语阅读自我效能感研究,暨南大学硕士学位论文。

张　黎 2006 商务汉语教学需求分析,《语言教学与研究》第 3 期。

张　莉 2014 韩国汉语学习者课堂焦虑、汉语自我效能感及其关系研究,山东大学硕士学位论文。

张　梦 2017 汉语学习者的自我效能感与学习策略相关研究,《现代语文（学术综合版）》第 12 期。

张晓宇 2020 中高级阶段留学生汉语学习自我效能感调查研究,大连外国语大学硕士学位论文。

赵福君、王党飞 2016 新疆少数民族中学生汉语学习自我效能感的现状研究——以民汉合校中的维吾尔族学生为例,《兵团教育学院学报》第 5 期。

甄文婷 2016 试论初级阶段留学生汉语学习自我效能感及其培养策略,《文教资料》第 25 期。

郑丽慧 2015 来华汉语进修生汉语学习自我效能感调查研究,北京外国语大学硕士学位论文。

周楚越、任晓霏 2021 墨西哥预科生汉语自我效能感实证研究,《汉字文化》第 9 期。

周永红、吕催芳、杨于岑 2014 时间管理倾向与学习拖延:自我效能感的中介作用分析,《中国临床心理学杂志》第 3 期。

朱 琳 2009 日韩留学生汉语自我效能感研究,华东师范大学硕士学位论文。

Bandura, Albert 1977 Self-efficacy: toward a unifying theory of behavioral change. *Psychological Review* 84(2):191-215.

Bandura, Albert 1980 Gauging the relationship between self-efficacy judgment and action. *Cognitive Therapy and Research* 4(2):263-268.

Bandura, Albert 1982 Self-efficacy mechanism in human agency. *American Psychologist* 37(2):122-147.

Bandura, Albert 1986 The explanatory and predictive scope of self-efficacy theory. *Journal of Social and Clinical Psychology* 4(3):359-373.

Bandura, Albert. 2001 Social cognitive theory: An agentic perspective. *Annual Review of Psychology* 52(1):1-26.

Gibson, Sherri & Dembo Myron H 1984 Teacher efficacy: A construct validation. *Journal of Educational Psychology* 76(4):569-582.

Jerry, Jinks & Morgan Vicky 1999 Children's perceived academic self-efficacy: An inventory scale. *The Clearing House* 72 (4):224-230.

Lent, Robert W & Lopez Frederick G 1991 Mathematics self-efficacy: Sources and relation to science-based career choice. *Journal of Counseling Psychology*

38(4):424-430.

Nie, Youyan, Lau Shun & Lian Albert K 2011 Role of academic self-efficacy in moderating the relation between task importance and test anxiety. *Learning and Individual Differences* 21(6):736-741.

Pintrich, Paul R & De Groot Elisabeth V 1990 Motivational and self-regulated learning components of classroom academic performance. *Journal of Educational Psychology* 82(1):40.

Schunk, Dale. H 1981 Modeling and attributional effects on children's achievement: A self-efficacy analysis. *Journal of Educational Psychology* 73(1):93-105.

Zimmerman, Barry J, Bandura Ablert & Manuel Martinez-Pons 1992 Manuel self-motivation for academic attainment: The role of self-efficacy beliefs and personal goal setting. *American Educational Research Journal* 29(3):663-676.

来华预科留学生汉语写作策略探索[*]

吴 剑

北京师范大学

摘 要 鉴于来华预科留学生汉语写作水平普遍较低的现状，对留学生写作策略的使用情况进行实证性研究是很有必要的。本文通过调查发现：留学生在写作前阶段使用最多的为识别策略；在写作时阶段使用较多的是补偿策略中的近义词替代、母语替代和简化意义策略；在修改时阶段使用较多的是积极接受反馈策略；写作策略使用与新HSK四级写作成绩呈正相关，与新HSK五级写作成绩呈负相关；作文修改步骤和方法能有效预测汉语写作成绩；低水平的写作者往往倾向于选择计划性差、耗时量大、对写作策略使用熟练程度要求高的具体写作策略，得到的结果往往适得其反。

关键词 汉语预科；留学生；写作策略；写作水平

一、引言

国外学者对第二语言写作策略已经做了不少的研究。Petrić & Czárl（2003）在基于对 Flower & Hayes（1981）过程写作理论（Process Writing Theory）的研究后，将写作策略定义为：为了让写作更为有效，写作者有意识地使用的一些动作或行为。Petrić 和 Czárl 把写作过程分为三个阶段：写作前（Prewriting），写作时（While-writing）和修改时（Revising）。Silva（1990）的研究认为第二语言的写作过程和第一语言在方法上存在延续性。Kroll

---

* 本文曾发表于《华文教学与研究》2012 年第 2 期，本次收录时做了必要的修改和补充。

（2003）的研究认为，高级第二语言写作者和第一语言写作者类似，当他们被明确告知写作过程中应注意的事项和方法时，他们都能写得更好。Zamel（1982）对 8 位来自大学的二语写作者进行研究，发现适用于第一语言写作过程的指令在第二语言写作中同样有效。当学生们明白了写作是一个有阶段性的过程时，他们的写作质量将会得到明显的提高。Zamel（1983）对 6 位第二语言写作者的研究进一步证实了第二语言写作的过程与第一语言类似。Jones & Tetroe（1987）提供了更多证据证明：当写作策略在第一语言中被习得，它们会被转移到第二语言中，因此第二语言的学习并不只是对新语言知识的熟练掌握，还应包括方法论的熟练掌握。Cumming（1986，1987，1989）通过一系列对写作专业知识和第二语言熟练度的实证研究证明：第二语言写作者能够利用他们第一语言的写作策略。Hall（1990）的研究发现，不同背景的第二语言学习者在文章修改方法上有着惊人的相似性。Pennington & So（1993）通过比较 6 名新加坡大学生第一语言和第二语言的写作过程和写作成果发现，他们的写作过程是非线性的，伴随着持续不断地思考、写作和修改。

　　汉语写作能力作为汉语言能力的一个重要组成部分，越来越受到广大对外汉语教师和来华留学生的重视。但对很多来华预科留学生而言，汉语写作仍然是一个弱项。来华预科项目旨在用 1 年时间，通过汉语强化培训，使留学生的汉语言能力，尤其是写作能力达到我国高等学校专业阶段学习的基本要求。因此，预科班学生接受的是高强度的语言训练，时间紧、目标高、任务重，学生的学习压力大，对策略的要求更为紧迫。

　　鉴于此，我们认为需要对来华预科留学生汉语写作策略进行较为深入的考查和探索。

二、研究设计

2.1 研究对象

　　本次研究的被试为山东大学 2010 级的 100 名来华预科留学生，最终回收有效问卷 97 份。正式问卷调查时间为 2011 年 5 月 12 日。此前在 4 月 28 日做了 30 人的预调查，显示问卷的信度良好。在所有有效问卷的答题者中，被试的性别分布为：男性 47 人（占被试总数的 48.5%），女性 50 人（占被试总数的 51.5%）。被试的年龄分布在 16 ～ 30 岁这个区间。所有被试的汉语水平均为零起点，在山东大学国际教育学院经过 1 年高强度集中学习后，参加了 2011 年 6 月 26 日的新 HSK（四级和五级）考试，考试结束后均取得了总成绩和写作单项成绩。此次研究的对象是短期速成二语写作者的策略使用情况，这是与国外学者研究的重要不同点。

2.2 研究目标

　　本研究主要试图回答以下问题：

　　（1）来华预科留学生在汉语写作中最经常使用的策略是什么？

　　（2）汉语写作策略的使用和新 HSK 写作成绩有无相关性？

　　（3）写作策略的运用是否可以提前预测写作质量？如果是，如何预测？

　　（4）高水平写作者和低水平写作者在写作策略使用上是否存在不同？

2.3 研究工具

　　本研究采用 Petrić & Czárl（2003）的写作策略调查问卷，将其制作成中英文双语问卷。该问卷经由两位学者的试验与修改，已经具备比较高的结构效度。问卷分为背景信息和策略调查两部分。背景信息主要包括被试的姓名、性别、年龄、班级、母语、所在国家官方语言和所在学校的授课语言等 7 项内容。策略调查分为写作前、写作时、修改时 3 个阶段，分别有 8 个、14 个、16 个题项，一共 38 个题项。所有问题的答案采用李克特 5 点量表法

（Likert-type Scale），即每个问题有 5 个选项：1= 这种做法完全或几乎完全不适合我的情况，2= 这种做法通常不适合我的情况（少于 50%），3= 这种做法有时适合我的情况（约 50%），4= 这种做法通常适合我的情况（多于 50%），5= 这种做法完全或几乎完全适合我的情况。这 5 个选项分别代表了被试的 5 种态度。

笔者根据 Oxford（1990）的语言学习策略分类标准与方法去考查调查问卷的每一个题项，并将其归纳如表 1 所示：

表 1　写作三阶段策略、组策略、具体策略与题项的对应关系

各阶段策略	组策略	具体策略（题项）
写作前策略	元认知	计划（题项 A1）　识别（题项 A2） 回顾（题项 A3）　组织（题项 A4、A5）
	认知	心理词典（题项 A6）　概念框架（题项 A7） 翻译（题项 A8）
写作时策略	元认知	组织（题项 B1）　回顾（题项 B2、B3） 目标设定（题项 B4）　自我监控（题项 B5）
	认知	翻译（题项 B6）　心理词典（题项 B7）
	补偿	简化意义（题项 B8）　母语替代（题项 B9） 近义词替代（题项 B10）
	记忆	利用词典（题项 B11、B12、B13）
	社交	求助他人（题项 B14）
修改时策略	元认知	识别（题项 C1）　计划（题项 C2） 自我监控（题项 C3）
	记忆	利用词典（题项 C4）
	认知	分析、修改（题项 C5、C6、C7、C8） 步骤与方法（题项 C9、C10） 新旧信息检验（题项 C11、C12）
	社交	求助他人（题项 C13、C14）
	情感	自我奖励（题项 C15）　积极反馈（题项 C16）

三、研究结果

我们把调查问卷所得数据输入 SPSS19.0 软件进行描述性统计、相关性统计、多元回归分析与独立样本 T 检验的分析。

3.1 写作策略使用的描述性统计

写作三阶段策略、组策略和具体策略使用的均值和标准差如表 2 所示：

表 2　写作三阶段策略、组策略、具体策略使用的均值和标准差（N=97）

各阶段策略 （均值，标准差）	组策略 （均值，标准差）	具体策略（均值，标准差）
写作前策略 （3.28，0.75）	元认知（3.24，0.76）	计划（3.18，1.25）　识别（3.90，1.20） 回顾（3.08，1.29）　组织（3.04，0.98）
	认知（3.27，1.01）	心理词典（3.61，1.25） 概念框架（3.27，1.30） 翻译（2.91，1.56）
写作时策略 （3.58，0.65）	元认知（3.75，0.72）	组织（4.12，1.08）　回顾（3.44，0.90） 目标设定（4.19，1.01） 自我监控（3.40，1.17）
	认知（3.24，0.98）	翻译（2.54，1.52）　心理词典（3.93，0.95）
	补偿（3.80，1.29）	简化意义（3.38，1.55） 母语替代（3.65，1.71） 近义词替代（4.3，3.18）
	记忆（3.25，.93）	利用词典（3.25，0.93）
	社交（3.21，1.40）	求助他人（3.21，1.40）
修改时策略 （3.15，0.67）	元认知（2.59，1.02）	识别（2.58，1.40）　计划（3.19，1.24） 自我监控（2.0，1.29）
	记忆（3.15，1.42）	利用词典（3.15，1.42）

（续表）

各阶段策略 （均值，标准差）	组策略 （均值，标准差）	具体策略（均值，标准差）
修改时策略 （3.15，0.67）	认知（3.34，0.78）	分析、修改（3.35，0.92） 步骤与方法（3.12，1.00） 新旧信息检验（3.44，1.01）
	社交（3.05，1.18）	求助他人（3.05，1.18）
	情感（3.77，0.83）	自我奖励（3.15，1.36） 积极反馈（4.40，0.84）

　　根据表 1 所做的归纳，写作阶段策略、组策略与含两个以上题项的具体策略总的均值和标准差反映了各自所辖题项的均值和标准差情况。均值越高，说明被试对该策略的使用越频繁；标准差越低，说明被试间对该策略的使用差别越小。而根据表 2 所示，写作时策略使用的均值为 3.58，为三阶段中最高；其次使用频率较高的是写作前策略，其均值为 3.28；使用频率相对较低的是修改时策略，其均值为 3.15，但仍高于 3。整体说明被试在写作三阶段使用策略具有普遍性，并且三个阶段总的策略使用差异均未超过 1 个标准差。

3.1.1 写作前阶段策略使用情况

　　从表 2 中可以看出，写作前阶段的元认知策略均值为 3.24，认知策略的均值为 3.27。在元认知策略内部，共有四项具体策略得到运用：计划策略（均值 =3.18）、识别策略（均值 =3.90）、回顾策略（均值 =3.08）和组织策略（均值 =3.04）。同时这四项策略的标准差均高于或接近 1.00，说明被试在使用具体策略上存在差异。

　　在认知策略内部有三项具体策略：心理词典策略（均值 =3.61）、概念框架策略（均值 =3.27）和翻译策略（均值 =2.91）。其中翻译策略的标准差为

1.56，高于 1.00，这意味着有的被试经常使用该策略，而有的被试很少使用或者基本不用该策略。

写作前策略中各题项的均值和标准差如表 3 所示：

表 3　写作前策略中各题项的均值和标准差情况

题　项	均值 （Mean）	标准差 （SD）
A1. 我自觉为自己的写作过程制定一个计划。 　　（即规定自己到什么时间完成什么任务）	3.19	1.257
A2. 在开始写作之前，我重新审视题目要求。	3.90	1.205
A3. 我会看一下本族语者的写作样本。	3.09	1.297
A4. 我在没有任何写作提纲或头脑构思的情况下开始写作。	2.44	1.471
A5. 我会在我的脑子里形成一个写作计划，但是不把它写下来。	3.64	1.328
A6. 开始写作前，我写下与题目有关的一些单词或做些零星的笔记。	3.61	1.252
A7. 我为自己的作文写一个提纲。	3.27	1.308
A8. 做与题目有关的笔记或写提纲时，我用自己的母语。	2.91	1.563

第 2 项识别策略"在开始写作之前，我重新审视题目要求"使用频率最高。第 4 项"我在没有任何写作提纲或头脑构思的情况下开始写作"使用频率最低。这说明被试非常关注写作的题目要求和写作计划、框架，很少在没有任何准备的情况下动笔。

3.1.2 写作时阶段策略使用情况

在写作时阶段，一共有 5 组策略参与其中，分别是：元认知策略、认知策略、补偿策略、记忆策略和社交策略。统计数据显示，社交策略的使用频率最低（均值 =3.21），而补偿策略的使用频率最高（均值 =3.80），元认知策略紧随其后（均值 =3.75）。这意味着在写作阶段，由于语法、句法知识的匮乏，特别是词汇量不足，被试经常把所要表达的意思简单化（均值=3.38），并且使用母语替代（均值=3.65）和近义词替代（均值=4.3）等策略来完成写作任务。认知策略（均值=3.24）和记忆策略（均值=3.25）使用频率处于中等水平。

在元认知策略内部一共有4项具体策略：组织策略（均值=4.12），回顾策略（3.44），目标设定策略（均值=4.19）和自我监控策略（均值=3.40）。在认知策略内部一共有2项策略：翻译策略（均值=2.54）和心理词典策略（均值=3.93）。记忆策略中的利用词典策略（均值=3.25）和社交策略中的寻求他人帮助策略（均值=3.21）使用频率也是中等水平。

写作时策略中各题项的均值和标准差如表4所示：

表4　写作时策略中各题项的均值和标准差情况

题　项	均值（Mean）	标准差（SD）
B1. 我先从介绍部分写起。	4.13	1.084
B2. 我每写完一句就停下来，看一遍后再写。	3.22	1.213
B3. 我写完几句话或一个段落后，停下来，在脑子里构思出一个文章大意。	3.69	1.046
B4. 我重新阅读已写完的内容，目的是获得继续写作的灵感。	4.20	1.012
B5. 我会重新回到我的提纲，对它做些修改。	3.41	1.175
B6. 有些地方我先用母语写出来，再翻译成汉语。	2.55	1.521
B7. 我只使用我自己有把握的单词和语法。	3.94	0.954
B8. 当我不知道如何用汉语表达自己的思想时，我把要写的内容或思想简单化。	3.59	1.554
B9. 当我碰到不会的汉语词语时，我先用母语把它的意思写出来，过后再努力想一个合适的汉语词语出来。	3.66	1.713

（续表）

题　项	均值（Mean）	标准差（SD）
B10. 当我碰到不会的汉语词语时，我会用我会的、词义相近的词语。	4.30	3.183
B11. 当我碰到不会的汉语词语时，我就停下来去查词典。	3.48	1.328
B12. 我使用双语词典。	4.11	1.318
B13. 我使用单语词典。	2.27	1.420
B14. 写作时遇到内容或语言方面的问题时，我会请别人帮忙。	3.22	1.401

从表 4 可以看出，B10 项（均值 =4.30）补偿策略中的近义词替代策略"当我碰到不会的汉语词语时，我会用我会的、词义相近的词语"是使用最多的策略。记忆策略中利用词典的 B13 项（均值 =2.27）"我使用单语词典"是使用最少的策略，这说明被试一般不会单纯依赖母语或只依赖目的语。

3.1.3 修改时阶段策略使用情况

在修改时阶段使用的组策略一共有五组：元认知策略、记忆策略、认知策略、社交策略和情感策略。情感策略的使用频率最高（均值 =3.77），元认知策略的使用频率最低（均值 =2.59），另外 3 个组策略使用频率中等：记忆策略的均值为 3.15，认知策略的均值为 3.34，社交策略的均值为 3.05。

使用最多的情感策略内部，有自我奖励策略（均值 =3.15）和积极反馈策略（均值 =4.40），说明被试在修改阶段非常愿意接受别人的意见。使用最少的元认知策略内部有 3 项具体策略：识别策略（均值 =2.58）、计划策略（均值 =3.19）和自我监控策略（均值 =2.0）。记忆策略中的利用词典策略均值为 3.15。社交策略中的求助他人策略均值为 3.05。认知策略内部也有三项具体策略：分析、修改策略（均值 =3.35）、步骤与方法策略（均值

=3.12）、新旧信息检验（均值 =3.44）。

修改时策略中各题项的均值和标准差如表 5 所示：

表 5　修改时策略中各题项的均值和标准差情况

题　项	均值（Mean）	标准差（SD）
C1. 我会大声朗读我写的作文。	2.59	1.410
C2. 我只在作文全部写完时，才去看我写过的内容。	3.20	1.247
C3. 当我完成了我的作文，我不会阅读它，马上提交。	2.00	1.298
C4. 我在修改时使用词典。	3.16	1.424
C5. 我会对某些汉语词汇进行修改。	3.29	1.020
C6. 我会对句子结构进行修改。	3.52	0.985
C7. 我会对作文结构进行修改。	3.43	1.164
C8. 我会对作文内容和思想进行修改。	3.14	1.327
C9. 修改时，我一次只注重修改作文的一个方面。（如：内容和结构）	3.38	1.178
C10. 我会舍弃我的第一份作文草稿，重新写。	2.87	1.362
C11. 我要检查我的作文，看它是否符合题目要求。	4.00	1.123
C12. 我先把我写的作文放几天，然后再看能不能从新的角度理解它。	2.90	1.476
C13. 我把作文给别人看，征求别人的意见。	3.35	1.323
C14. 我把我的作文和同学写的相同题目作文做比较。	2.74	1.347
C15. 完成作文后，我会奖励自己。	3.16	1.363
C16. 作文从老师那里发下来后，我仔细阅读老师的反馈信息（如：修改或评语），并努力从中学习。	4.41	0.842

从表 5 中可以看出，C16 项（均值 =4.41）积极反馈策略"作文从老师那

里发下来后，我仔细阅读老师的反馈信息（如：修改建议或评语），并努力从中学习"是使用最多的写作策略，而且其标准差 0.842 < 1.00，说明被试使用该策略的内部差异不大。紧随其后的是认知策略中新旧信息检验的 C11 项（均值 =4.00）"我要检查我的作文，看它是否符合题目要求"。

3.2 相关性统计

为了了解新 HSK 写作成绩与写作三阶段策略使用情况，我们对这两者进行了相关性分析，结果如表 6 和表 7 所示：

表 6　新 HSK 四级写作成绩与写作阶段策略的相关性分析（被试 N=35）

		写作前策略	写作时策略	修改时策略
新 HSK 四级写作成绩	Pearson 相关性	0.172	0.193	0.132
	显著性（双侧）	0.392	0.356	0.557
	被试 N	35	35	35

表 7　新 HSK 五级写作成绩与写作阶段策略的相关性分析（被试 N=62）

		写作前策略	写作时策略	修改时策略
新 HSK 五级写作成绩	Pearson 相关性	−0.158	−0.296*	−0.224
	显著性（双侧）	0.254	0.030	0.104
	被试 N	62	62	62

注：* 在 0.05 水平（双侧）上显著相关

表 6 显示，新 HSK 四级写作成绩与写作三阶段策略均呈现出一定程度的正相关：分别是写作前的相关性系数 r=0.172（P=0.392），写作时的相关性系数 r=0.193（P=0.356），修改时的相关性系数 r=0.132（P=0.557），但都不具有显著性。新 HSK 四级考试的被试人数偏少（35 人）可能是相关性不显著的一个重要原因。

表 7 则显示新 HSK 五级写作成绩与写作三阶段策略均呈现出一定程度的负相关，特别是与写作时策略呈现出显著的负相关，相关系数 r=−0.296*

（P=0.030）。这表明写作时被试使用的策略越多，其写作成绩反而越低。写作策略的这种反作用要引起我们的高度重视。

3.3 多元回归分析

相关性分析只能说明在多大程度上写作策略与新 HSK 写作成绩相关，但是不能说明这些写作策略对新 HSK 写作成绩是否有显著的预测作用，其预测力是多少。为了进一步探索具体写作策略对新 HSK 写作成绩的预测力，下面我们对两者进行多元回归分析。我们把 38 个反映具体写作策略的题项分别与新 HSK 四级、五级写作成绩用逐步"多元回归分析法"（stepwise）进行分析。表格中"A""B""C"分别是写作前阶段，写作时阶段和修改时阶段的策略标志，如"步骤与方法 C"表示修改时阶段的步骤与方法策略；"R"是多元相关系数；"R 方"是多元决定系数。

表 8　具体写作策略预测新 HSK 四级写作成绩之多元回归分析摘要

选出的变量顺序	多元相关系数 R	决定系数 R 方	增加解释变异量△ R	F 值	净 F 值	标准化回归系数
1. 步骤与方法 C	0.628	0.344	0.394	7.705	7.805	−0.628
2. 新旧信息检验 C	0.827	0.685	0.291	11.943	10.137	0.550
3. 母语替代 B	0.902	0.814	0.129	14.593	6.957	−0.370
4. 简化意义 B	0.954	0.910	0.096	22.802	9.633	−0.350
5. 翻译 A	0.973	0.947	0.037	28.422	5.482	0.214

从表 8 可以看出，38 个题项预测新 HSK 四级写作成绩时，进入回归方程式的显著变量共有 5 个，多元相关系数为 0.973，其联合解释变异量为 0.947，即表中五个变量能联合说明 HSK 四级写作成绩 94.7% 的变异量。就个别变量的解释量来说，以修改时阶段的"步骤和方法"策略的预测力最强，其解释量为 34.4%，其余依次为修改时阶段的"新旧信息检验"策略、写作时阶段的"母语替代"策略、写作时阶段的"简化意义"策略和写作前

阶段的"翻译"策略。最后可得出回归方程式：新 HSK 四级成绩 =-0.628*步骤与方法 C+0.550* 新旧信息检验 C-0.370*母语替代 B-0.350*简化意义 B+0.214* 翻译 A。

表 9　具体写作策略预测新 HSK 五级写作成绩之多元回归分析摘要表

选出的变量顺序	多元相关系数 R	决定系数 R 方	增加解释变异量△ R	F 值	净 F 值	标准化回归系数
1. 利用词典 B	0.359	0.129	0.129	6.361	6.361	−0.359

从表 9 中可以看出，当 38 个题项预测新 HSK 五级写作成绩时，进入回归方程式的显著变量只有 1 个，即写作时阶段的利用词典策略，其多元相关系数为 0.359，解释变异量为 0.129，即该变量能预测 HSK 五级写作成绩的 12.9%。最后的回归方程式为：新 HSK 五级成绩 =-0.359*利用词典 B。

3.4 独立样本 T 检验

我们将新 HSK 四级、五级考试的写作成绩作为衡量被试写作水平的标准。方法是：分别取两种考试中写作成绩的前 27% 和后 27% 作为高分组和低分组；根据统计分析，五级考试中 73 分以上为高分组，65 分以下为低分组；四级考试中 77 分以上为高分组，57 分以下为低分组。

表 10　新 HSK 四级写作高、低分组与写作策略使用情况

高低分组		均值	标准差	均值的标准误差	T 值	P
写作前阶段策略	低分组	3.732	0.701	0.265	0.047	0.964
	高分组	3.714	0.731	0.276		
写作时阶段策略	低分组	3.810	0.942	0.773	−0.043	0.967
	高分组	3.829	0.328	0.569		
修改时阶段策略	低分组	3.732	0.773	0.292	−1.056	0.318
	高分组	4.203	0.569	0.285		

表 10 显示，新 HSK 四级高分组在写作时阶段和修改时阶段的策略使用频率均高于低分组。在写作前阶段策略的使用上，低分组略高于高分组。这在一定程度上印证了前文关于新 HSK 四级写作成绩与写作策略使用存在正相关的论断。

表 11　新 HSK 五级写作高、低分组与写作策略使用情况

高低分组		均值	标准差	均值的标准误差	T 值	P
写作前阶段策略	低分组	3.352	0.583	0.146	2.739	0.010
	高分组	2.757	0.658	0.160		
写作时阶段策略	低分组	3.810	0.670	0.173	2.262	0.013
	高分组	3.248	0.539	0.131		
修改时阶段策略	低分组	3.043	0.645	0.161	1.814	0.079
	高分组	2.711	0.434	0.099		

表 11 显示，在新 HSK 五级考试中，低分组在写作三阶段策略使用上均高于高分组，特别是写作时阶段低分组的均值高达 3.8。而高分组在写作时阶段反而较少使用策略，在写作前阶段和修改时阶段策略使用均值都在 3.0 以下。

四、讨论与结论

根据上述分析，下面我们来回答 2.2 节研究目标中提出的问题。

第一，来华预科留学生在汉语写作中最常使用的是写作时策略。这给我们的启示是，在以后的写作教学中，要在巩固写作中策略教学的基础上，倾向性地侧重于写作前与修改时的写作策略教学。

第二，汉语写作策略的使用与新 HSK 四级写作成绩呈现出一定程度的正相关，与新 HSK 五级写作成绩呈现出一定程度的负相关。出现这种结果的原因是复杂的，笔者认为这与被试写作策略掌握的熟练程度以及新 HSK 五级写作的难度有关。二语写作难度与写作策略教学的阶段性问题值得继续研究，本文暂不深入探讨。

第三，写作策略的运用可以提前预测写作质量。在新 HSK 四级写作中有五种写作策略可以有效预测写作成绩，其中修改时阶段的步骤与方法策略（预测系数 =-0.628）预测效果最佳，不良的修改方式（如舍弃初稿，重起炉灶）将严重限制写作水平的提高。同时，新 HSK 五级考试中，写作时阶段的利用词典策略（预测系数 =-0.359）也可以在一定程度上预测写作成绩。

最后，针对难度系数稍低的新 HSK 四级写作考试，高水平和低水平写作者在策略的选择上无明显差异；但是针对难度系数较高的新 HSK 五级考试，低水平的写作者往往倾向于选择计划性差、耗时量大、对写作策略使用熟练程度要求高的具体写作策略，得到的结果往往适得其反。

参考文献

Cumming, Alister. 1986 Intentional learning as a principle for ESL writing instruction: A case study. *TESL Canadian Journal*, 3 (1): 69-83.

Cumming, Alister. 1987 Decision making and text representation in ESL writing performance. *Paper Presented at the 21st Annual TESOL Convention*, Miami, Florida.

Cumming, Alister. 1989 Writing expertise and second language proficiency. *Language Learning*, 39(1): 81-135.

Flower, Linda & Hayes John R. 1981 A cognitive process theory of writing. *College Composition and Communication*, 32 (4): 365-387.

Hall, Chris. 1990 Managing the complexity of revising across language. *TESOL Quarterly*, 24 (1): 43-60.

Jones, Sally & Teltroe Ruth 1987 Composing in a second language. In Ann,

Matsuhashi(ed.).*Writing in Real Time*. Norwood, NJ: Ablex.

Kroll, Barbara. 2003 *Exploring the Dynamics of Second Language Writing*. Cambridge: Cambridge University Press.

Oxford, Rebecca L. 1990 *Language Learning Strategies: What Every Teacher Should Know*. Boston: Heinle ELT.

Pennington, Martha C & So Sufumi. 1993 Comparing writing processes and product across two languages: A study of 6 Singaporean University student writers. *Journal of Second Language Writing*, 2 (1): 41-63.

Petrić, Bojana & Czárl Bernadett. 2003 Validating a writing strategy questionnaire. *System* 31 (2): 187-215.

Leki, Ilona, Alister Cumming & Tony Silva. 2006 Second-language composition teaching and learning. *Research on composition: Multiple perspectives on two decades of change*: 141-169.

Zamel Vivan. 1982 Writing: The process of discovering meaning. *TESOL Quarterly*, 16(2): 195-209.

Zamel Vivan. 1983 The composing processes of advanced EFL students: Six case studies. *TESOL Quarterly*, 17(2):165-188.